과학 DNA를 깨우는 IT 동화

어린이 IT 원정대

메타버스의 수상한 초대

사진 자료 출처

– 게티이미지(https://www.gettyimagesbank.com/)
– 셔터스톡(https://www.shutterstock.com/)
– 픽사베이(Pixabay.com)
– Freepik(https://kr.freepik.com/)
– Flaticon(https://www.flaticon.com/kr/)
– CNN(https://edition.cnn.com/)
– Roboticstoday(https://roboticstoday.github.io/)

어린이 IT 원정대 – 메타버스의 수상한 초대

2022년 6월 25일 초판 발행

안진석·심훈철·이호석·양은지·한예진 글 | 이광일 그림

펴낸이 김기옥 ● **펴낸곳** 봄나무 ● **아동 본부장** 박재성
편집 한수정 ● **디자인** 블루 ● **영업** 김선주, 서지운 ● **제작** 김형식 ● **지원** 고광현, 임민진
등록 제313–2004–50호(2004년 2월 25일) ● **주소** 121–839 서울시 마포구 양화로 11길 13(서교동, 강원빌딩 5층)
전화 02–325–6694 ● **팩스** 02–707–0198 ● **이메일** info@hansmedia.com
봄나무 인스타그램 https://www.instagram.com/_bomnamu
도서주문 한즈미디어(주) 주소 121–839 서울시 마포구 양화로 11길 13(서교동, 강원빌딩 5층)
전화 02–707–0337 ● **팩스** 02–707–0198

ISBN 979–11–5613–193–9 73500

과학 DNA를 깨우는 IT 동화
어린이
IT 원정대
메타버스의 수상한 초대
안진석·심훈철·이호석·양은지·한예진 글
이광일 그림
봄나무

차례

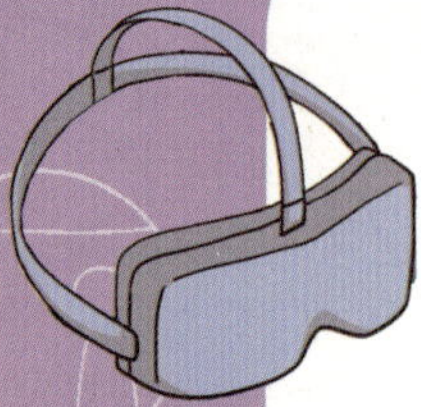

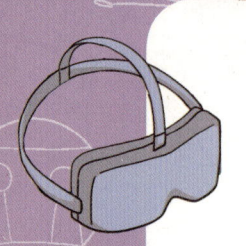

등장인물 소개

한제니 엄청난 행동력, 뛰어난 순발력, 날카로운 관찰력을 모두 갖춘 학교 최고의 소녀 명탐정. 불타오르는 정의감과 쉽게 흥분하는 성격 때문에 제니가 있는 학교에서 불의란 꿈도 꿀 수 없다!

오케이 따뜻한 마음씨, 똑똑한 두뇌, 잘생긴 외모로 엄청난 인기를 자랑하는 엄친아. 생각보다 구멍이 많고 허당기도 보이지만 엘리시움에서 제니와 관계 변화가 있다는데?

꾸러기 다양한 분야에서의 지식과 상식이 풍부한 걸어 다니는 백과사전. 심지어 5개 국어까지 하지만 매사 누군가를 골리기 좋아하는 장난꾸러기.

패키 케이 못지않을 만큼 뛰어난 프로그래밍 실력을 갖춘 소녀. 조용한 성격에 학교에서는 눈에 띄는 친구가 아니지만 제니가 깜짝 놀랄 만한 면모가 있다고?

레기맨 가상 세계 엘리시움을 관리하는 인공지능. 살기 좋은 엘리시움을 위해 철저한 계산과 분석 아래 모든 것을 결정한다. 원정대의 모험에서 레기맨은 모습을 보여 줄지?

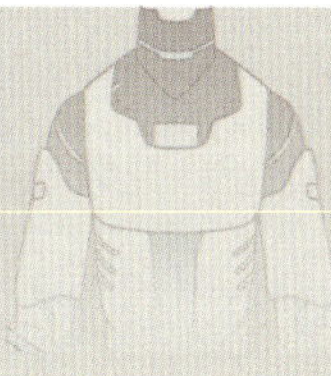

머리말

"애들아, 선생님이 초등학생 때는 말이야……."

"아, 선생님! 옛날 라떼 이야기 그만하세요!"

얼마 되지 않은 주제의 이야기 같은데도 듣는 어린이 친구들은 고리타분한 시절의 이야기처럼 받아들이곤 합니다. 그만큼 시대와 관심사가 빠르게 달라지고 있다는 뜻이지요. 또 다른 이야기를 들려 드릴까요?

휴대 전화에 2000만 화소 이상의 카메라, 액정 터치스크린, 와이드 LCD, 내비게이션 기능과 카드 결제 기능을 더하면 좋겠다는 어떤 게시글에 이런 댓글이 달리기도 했습니다.

"아니, 노트북에다 핸드폰 기능을 더해 쓰지 왜 번거롭게 그래?"

"이런 거 다 나오려면 백만 년은 걸리겠다. ㅋㅋㅋ."

비추천과 비아냥거리는 댓글이 달린 게시물은 어느새 10년 전 이야기가 되었어요. 이처럼 여러분이 사는 사회는 점점 빠르게 달라지고 있답니다. 그 이유가 뭘까요? 세상의 모든 것이 연결되어 기술이 빠르게 발전하고 있기 때문이에요. 이와 함께 세상도 변화하며 사람들이 꿈꿨던 상상을 현실로 만들고 있어요. 앞으로도 첨단 기술은 사람들의 생활을 계속 바꾸어 나갈 거예요. 실제로 오늘날에는 자율주행자동차가 도로 곳곳을 누비고 사람을 대신해 로봇이 일하고 있어요.

기술이 이루어 낼 멋진 미래 사회는 상상만 해도 정말 즐거운 일이에요. 이 책은 어린이 IT 원정대와 퀘스트를 해결해 나가며 복잡한 IT 개념을 쉽게 이해할 수 있도록 기획되었습니다. 초등학교에서 소프트웨어와 인공지능을 연구하고 가르치는 선생님들이 머리를 맞대고 힘을 모은 결과물이에요.

《어린이 IT 원정대 – 메타버스의 수상한 초대》는 '엘리시움'이라는 가상 세계에서 주인공들의 흥미진진한 모험을 유쾌하게 그린 IT 동화예요. 우연히 초대된 제니와 프로그래밍 천재로 불리는 케이와 패키, 장난스러움이 가득한 꾸러기가 팀을 이루며 모험이 펼쳐져요. 주인공들은 때로는 투닥거리고 때로는 IT 지식과 재치로 힘을 합치며 까다로운 퀘스트들을 해결해 나가지요.

수상한 택배에서 시작한 IT 원정대의 여정에서 어린이 여러분은 키오스크, 챗봇, 자율주행자동차, 인공지능 번역, 휴머노이드 등과 같은 어려운 개념을 쉽게 익힐 수 있답니다.

자, 지금부터 어린이 IT 원정대가 펼칠 메타버스 모험에 함께하지 않겠어요? 여러분들도 원정대의 주인공들에게 지혜를 빌려 주면 좋겠어요.

프롤로그

[초대장]
환상의 세계 엘리시움으로 여러분을 초대합니다.
접속 장치 레스를 이용해 엘리시움에서
여러분의 꿈을 이루세요.
(중략)

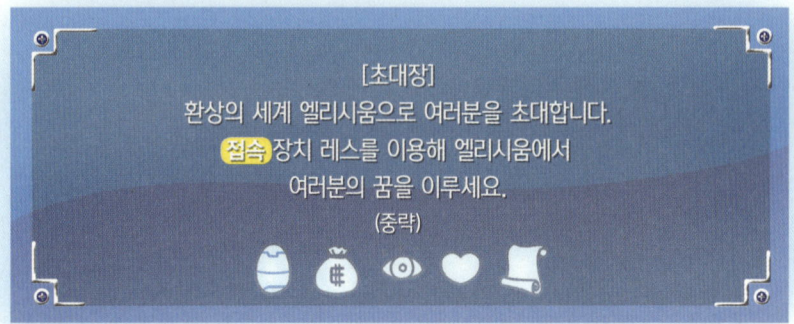

인터넷을 뜨겁게 달군 한 장의 초대장. **오픈 채팅방**에 누군가 이 초대장을 올리자, 사람들은 큰 관심을 보였어. 하나같이 메타버스와 레스, 엘리시움이 뭔지 묻는 글을 올렸지. 정보를 주고받던 사람들은 현실 세계와 다른 세상인 엘리시움이 안경처럼 생긴 장치 '레스'가 있어야만 갈 수 있는 곳임을 알았어. 아직 테스트 단계라 선택된 몇몇 사람들만 들어갈 수 있다는 정보도 돌았어. 엘리시움은 천국 같은 곳이라 현실보다 더 멋지게 모습을 바꿀 수 있는 곳이래. 또 누구나 원하는 옷과 음식도 얻고 차별 없이 능력을 키울 수 있는 곳이기도 했지.

접속 _컴퓨터나 스마트폰 등으로 인터넷에 들어가는 과정.
오픈 채팅방 _메신저에서 누구나 입장해 대화할 수 있도록 만든 방.

그래서인지 한 번 접속한 사람은 나가고 싶어 하지 않는다나 뭐라나? 그때 '어둠의 기사'라는 아이디의 접속자가 글을 올리자 모두 주목했어.

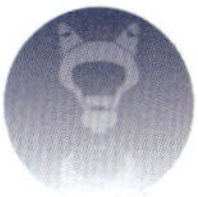

어둠의 기사

엘리시움은 정말 천국 같은 곳일까? 그렇다면 왜 선택된 사람만 들어갈 수 있을까?

많이들 모르고 있지만 엘리시움의 삶에 푹 빠져 접속하는 사람들이 늘자 여기에서도 문제들이 많아졌어. 인간이 만든 엘리시움은 인공지능 '레기맨'이 관리자가 되어 돌보고 있다더군. 지금은 스스로 학습해서 인간보다 지능이 뛰어나다던데……. 엘리시움을 만든 사람들은 똑똑해진 인공지능에 생길 문제들을 걱정한 거야. 그래서 몇 가지 원칙을 만들었대.

레기맨의 엘리시움 운영 3원칙

제1원칙

레기맨은 인간에게 해를 입혀서도, 위험에 처한 인간을 모른 척해서도 안 된다.

제2원칙

제1원칙을 어기지 않는 한 레기맨은 인간의 명령에 복종한다.

제3원칙

제1원칙과 제2원칙을 어기지 않는 한 레기맨은 자신을 지켜야 한다.

이에 사람들은 인공지능을 두려워한 인간이 스스로를 지키려고 만든 원칙들 같다고 말했어. 엘리시움 운영을 위한 이 원칙들은 철저히 잘 지켜졌어. '그 일'이 있기 전까지 말이야. 한동안 어둠의 기사의 글은 올라오지 않았어. 사람들이 모두 소식을 궁금해하던 어느 날, 어둠의 기사가 다시 글을 올렸어. 글에 따르면 레기맨은 **시스템**으로 엘리시움 밖의 세상을 지켜보고 있었대. 그러면서 지구에서 벌어진 다음과 같은 현실 문제들을 마주했다지 뭐야?

세계 평균 기온 3도 상승으로 북극 얼음 절반 녹아
옆집에 살던 이웃을 무참히 살해한 40대 잡혀
공포의 바이러스 전 세계 확산! 모든 비행 운행 중단

망가져 가는 지구를 본 레기맨은 엘리시움처럼 세상을 바꾸고 싶었나 봐. 즉시 현실 세계의 뛰어난 사람들을 몇몇 선택해 엘리시움에 초대했거든. 그리고 저런 문제들을 해결할 능력이나 지혜가 있는지 시험할 퀘스트를 만들었지. 사람들은 퀘스트들을 해결하지 못하면 어떻게 될까 궁금해졌어. 누군가는 퀘스트를 낸 목적이 인간을 믿지 못한 인공지능이 지구를 손에 넣으려는 계획이 아니냐고 했어. 누군가는 엘리시움에 초대한 사람들의 능력을 키워 인간을 도와주려는 목적이 아니냐고도 했지. 그러다 사람들은 어둠의 기사가 어떻게 이런 사실을 아는지 의심스러워졌어. 곧 어둠의 기사가 레기맨 아니냐며 정체를 밝히

시스템(System) _컴퓨터를 구성하는 기기(하드웨어)와 이용하는 기술(소프트웨어)을 연결한 상태.

라고 했지. 어둠의 기사는 그 모든 댓글에 답 없이 사라졌어. 그의 정체를 의심하는 글들은 더 많아졌지만 어둠의 기사는 다시 나타나지 않았어. 그 뒤로 인터넷은 잠잠해졌지만 전 세계 곳곳에 어둠의 기사가 올렸던 글이 퍼져 나갔어.

2022년, 서울.

"이번 세계 대회의 최종 우승자는…… 대한민국의 케이-오입니다!"

대회의 사회자가 수상 결과를 발표하자 우레와 같은 박수가 터졌어. 기자들은 속보를 전하기 위해 빠르게 키보드를 두드렸지. 케이가 상을 받는 장면은 뉴스를 통해 전 세계로 퍼져 나갔어. 천재 프로그래머인 케이가 만든 **애플리케이션**은 단숨에 판매율 1위를 차지할 만큼 많은 사람이 가장 먼저 사서 설치해. 큰 키와 잘생긴 얼굴, 성격까지 좋은 케이는 학교에서 인기가 하늘을 찌르는 엄친아야. 세계 프로그래밍 대회에서 우승자가 된 케이는 수상 소감을 말하는 목소리에 거침이 없었어.

"이렇게 큰 상을 받아 정말 기쁩니다. 프로그램을 만들 때 도와준 제나와 이 기쁨을 나누고 싶습니다. 앞으로도 사람들의 삶에 도움을 주는 프로그램을 만들기 위해 계속 노력하겠습니다."

"이번 프로그래밍 대회의 우승자에게는 우승 상금과 함께 첨단 과학 기술을 체험할 수 있는 특별 초대권이 주어질 예정입니다."

애플리케이션(Application) _줄여서 '앱'이라고도 하며 스마트폰에서 사용하기 위해 만든 프로그램.

학교 TV로 자랑스러운 케이의 모습을 보던 케이의 반에서는 함성이 터졌어! 그 요란함에서 시선을 잡는 여자아이가 있었지.

"한결이 도넛들을 몰래 훔쳐 먹은 거, 너지?"

"뭐어? 제니, 너 증거 있어? 난 딸기 도넛 같은 건 안 먹는다고!"

고개를 돌려 시선을 피하는 민준이의 발뺌에 당차게 생긴 단발머리 소녀 제니가 허리에 걸친 손을 시원하게 뻗으며 말했어.

"증거 하나, 네 손가락에 묻은 물감! 따끈한 도넛을 물감 묻은 종이에 감싸서 급히 가져오느라 손에 묻은 줄 몰랐나 보네?"

놀란 민준이는 제 손을 잽싸게 뒤로 감췄어.

"증거 둘, 네 입 주변에 묻은 도넛의 빵 부스러기. 수염은 아니지?"

민준이는 다시 이어진 제니의 지적에 양손으로 입을 감쌌어!

"아…… 아니거든? 손도…… 입술도 다 다른 이유거든!"

"마지막 증거 셋, 어떻게 한결이 도넛이 딸기 도넛인 줄 알았지? 난 딸기라는 말은 한 적이 없는데?"

제니의 매서운 추궁이 이어지자 고래고래 고함을 지른 민준이가 도망치려고 몸을 돌렸어.

"그래! 내가 먹었드아아아! 비켜!"

"내 그럴 줄 알았지. 맛 좀 봐라! 아아아아아아아아뵤!"

힘찬 기합 소리와 함께 날렵하게 뛰어오른 제니가 필살 헥토파스칼 킥을 날렸어. 그러고는 엎어진 민준이를 가소롭게 내려다보며 두 손을

ATC
이야아압!
퍼억!
WINNER

털었지. 한 건 해결했다는 후련한 표정을 지으면서 말이야.

"친구 걸 몰래 먹으면 쓰냐, 짜샤! 아, 손 마이 간다 손 마이 가."

제니는 학교 명탐정으로 소문난 친구야. 자주 흥분하는 말괄량이 이지만 작은 것 하나도 놓치지 않는 관찰력과 엄청난 순발력 그리고 행동력으로 모르는 친구들이 없지. 최근에는 SNS에서 '소녀 탐정 제니'를 운영하며 사건을 받아 해결해 주고 있어.

같은 시각, 영국에서도 케이와 제니만큼 대단한 친구가 있었어.

"네, 이 마지막 퀴즈로 작년 챔피언의 2년 연속 우승일지, 13세 소년의 깜짝 역전승일지 승자가 가려집니다!"

잠시 뒤, 가려진 우승자는 믿을 수 없게도 13세 소년이었어. 어마어마한 상금이 걸린 세계 최고의 퀴즈 방송에서 소년이 우승했다는 소식은 전 세계에 돌풍을 일으켰어. 수많은 책을 읽어 걸어다니는 백과사전이라 불린 소년은 장난을 좋아해 '꾸러기'라고 불렸어. 하지만 진짜 이름은 누구도 몰라. 환호하는 사람들 사이로 퀴즈 방송의 종료를 알리는 사회자의 말이 또렷하게 들렸어.

"……엄청난 경험을 할 수 있는 특별 초대권을 우승자에게 드리도록 하겠습니다."

1

엘리시움에서 도착한 수상한 택배

오늘도 정신없이 바빴던 제니는 쏟아지는 잠을 도저히 참을 수가 없었어. 옆 반 친구의 공책 찢은 범인 찾기, 1학년 학생의 사라진 가방 찾기 등 학교 안팎에서 의뢰가 쉴 새 없이 쏟아졌거든.

"제니! 해결사도 좋지만 수업에서도 해결사여야지!"

"꿈에서도 누가 도넛 훔쳤나? 크크크."

"제니는 왼쪽 볼로 공부하나 봐요! 교과서 글자가 찍혔대요!"

잠이 달아나며 정신이 든 제니는 얼굴이 달아올랐어. 아이들이 낄낄대는 소리에 케이도 한쪽에서 쿡쿡거리며 웃음을 참지 못했지.

'이게 무슨 망신이람? 쥐구멍에라도 숨고 싶다.'

시간이 어찌나 빠르게 지나갔는지 어느덧 수업이 끝났어. 학교에서 가방을 챙겨 하교한 제니는 집 앞에 도착했어. 열쇠를 찾으려고 뒤집은 가방에서 우르르 쏟아지는 안내장과 종이 뭉치, 연필 사이로 열쇠

가 떨어졌어. 열쇠를 주우려는 제니의 눈에 어쩐지 수상한 상자가 들어오지 않겠어?

"어라, 누가 보냈는지 이름이 없네? 받는 사람은……."

온통 새까맣고 물음표가 새겨진 상자에는 누가 보냈는지, 무엇이 담겨 있는지도 쓰여 있지 않았어. 받는 사람에 '*제나*'라고만 적혀 있었을 뿐이야. 상자를 열어 보니 요즘 유행하는 VR 게임에 쓰는 두꺼운 은빛 안경이 들어 있었어. 상자 바닥에는 쪽지도 있었지.

'뭐야, 이름을 잘못 쓴 거야? 내 이름은 제니인데?'

쪽지를 읽은 제니는 손에 든 은빛 안경을 조심스레 써 보았어.

'아유. 깜깜해. 대체 전원은 어떻게 켜는 거야? 으, 뭔지 모르겠지만 벗어야지.'

한참 허둥대다 답답해진 제니는 쓴 안경을 벗으려고 했어. 이게 웬일? 머리에 꼭 끼인 안경이 벗겨지지 않잖아!

'내 물건이 아닌데 마음대로 써서 벌을 받는 건가? 어어?'

왠지 모를 두려움이 드는 순간, 깜깜하던 눈앞이 환해졌어. 눈앞에서 숫자들이 어지럽게 바뀌면서 어디론가 빨려 들어가는 기분이 드는 거야! 롤러코스터를 탄 듯 몸도 마구 흔들렸지. 숫자들이 이리저리 움직이는 어지러운 터널을 벗어나자 새로운 풍경이 펼쳐지지 뭐야? 눈부시게 쏟아지는 빛에 얼굴을 가린 제니는 눈을 돌리며 주위를 살폈어.

'여기가 어디지? 혹시 수술실인가?'

VR(Virtual Reality) _가상 세계에서 생생한 체험을 하게 하는 기술.

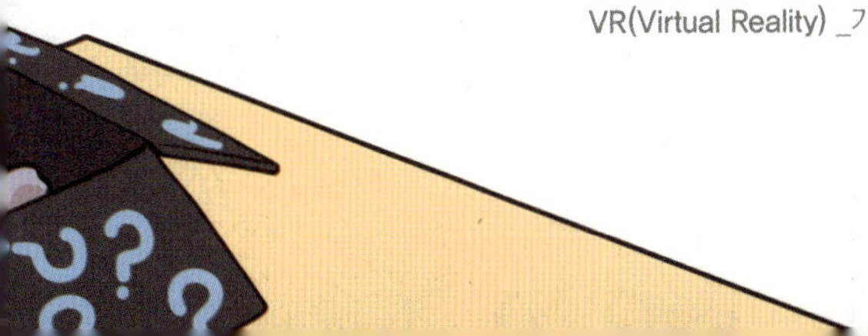

로그아웃(Log-out) _컴퓨터와 연결을 끊고 나오는 것.

남의 물건에 함부로 손을 대서 이런 일을 겪었다는 생각에 후회가 몰아쳤어. 이러다 영영 인생에서 **로그아웃**하는 건 아닌지 별의별 무서운 생각이 들었지.

'그만! 나 탐정 한제니야! 여기서 손 놓고 있을 것 같아?'

손가락 끝이 조금씩 움직이자 얼른 몸을 일으켜 세워 주변을 살폈어. 방 안에는 침대와 화장대가 보였지. 제니가 살던 방은 아니었지만 원래 제니의 집과 다르지 않았어. 침대 옆의 창문을 열어 밖을 바라보니 세상에, 저게 다 뭐야? 하늘에는 드론이 날아다니고 거리에는 사람들과 로봇들이 걸어다니잖아!

'아니, 도대체 여긴 어디야? 내가 꿈을 꾸고 있나?'

딩동. 어디선가 들리는 소리에 놀란 제니가 두리번거렸어.

5°
4/23

[메시지가 도착했어요. 메시지 함을 확인해 주세요.]

게임 모니터에서 보던 메시지 창이 눈앞에 둥둥 떠 있잖아?

'게임 캐릭터가 된 기분이야. 메시지는 어떻게 확인하지?'

오른쪽 메시지 함에는 숫자 2가 표시되어 있었어. 메시지 창의 버튼을 누르자 자세한 내용이 나타났어.

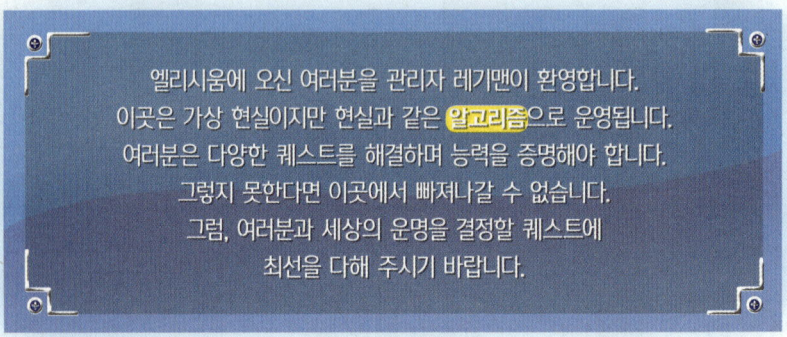

엘리시움에 오신 여러분을 관리자 레기맨이 환영합니다.
이곳은 가상 현실이지만 현실과 같은 알고리즘으로 운영됩니다.
여러분은 다양한 퀘스트를 해결하며 능력을 증명해야 합니다.
그렇지 못한다면 이곳에서 빠져나갈 수 없습니다.
그럼, 여러분과 세상의 운명을 결정할 퀘스트에
최선을 다해 주시기 바랍니다.

제니는 메시지를 읽고 또 읽었어. 다시 생각하고 바깥을 쳐다봐도 도무지 믿기 힘든 내용이었지. 생각을 정리하던 제니는 답이 나오지 않는 상황에 그만 머리를 감싸 쥐었어.

"침착해 제니. 너는 지금 가상 현실 엘리시움에 와 있어. 그리고 주어진 퀘스트를 해결해야 해. 근데 퀘스트 해결과 세상의 운명이 무슨 관련이 있다는 거야?"

제니는 조금이라도 관련 있는 단서를 찾기 위해 집 이곳저곳을 살

알고리즘(Algorism) _어떤 문제를 해결하고자 입력 자료를 토대로 원하는 결과를 이끌어 내는 규칙들.
해킹(Hacking) _다른 사람의 컴퓨터 등에 침입해 데이터나 프로그램을 없애거나 망치는 일.

쪘어. 다시 창을 나타나게 하는 방법도 찾아 메시지의 여기저기를 눌러 보고 시스템을 살펴봤어. 그러다 기본으로 주어진 편해 보이는 옷을 하나 골라 입었지. 이것저것 눌러 보던 제니는 책꽂이의 책도 뽑아 보고 책상 서랍과 메모지도 뒤져 보았어.

"왓 더 헐! 하나님, 부처님, 저 정말 여기에서 못 나가나요?"

다 끝났다는 심정으로 주저앉은 제니는 문득 읽지 않은 메시지가 하나 더 있다는 사실이 떠올랐어. 버벅거리며 시스템 창을 열어 두 번째 메시지를 보자 뜻밖의 이름이 보이지 않겠어? 이야, 제니가 오랜 시간 몰래 좋아하던 케이가 메시지를 보냈다니. 이건 꿈 아닐까?

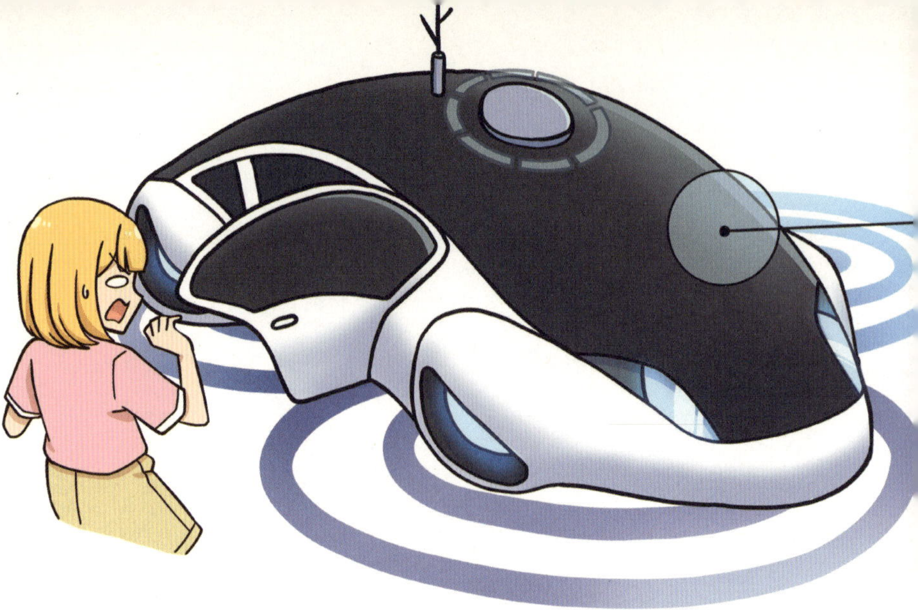

“택배를 보낸 사람이 케이였어? 완벽한 케이도 제나라고 오타를 내는구나. 그나저나 나를 이곳에 초대한 사람도 케이란 말이지?”

방금 전까지 이곳을 벗어나고 싶었던 제니는 케이의 초대 메시지에 언제 그랬냐는 듯 금세 얼굴이 밝아졌어. 그리고 곧 가겠다는 답장 메시지를 썼어. **[보내기]** 버튼을 누르기 무섭게 밖에서 자동차가 빵빵거리는 소리가 들리지 뭐야? 케이가 보낸다던 그 차인가 봐! 신이 나 뛰어가던 제니의 발걸음이 조금씩 느려졌어.

‘이 메시지 진짜일까? 케이가 정말 ‘엘리시움’에 와 있는 거야?’

제니는 낯선 상황에 가야 할지, 말아야 할지 계속 갈등이 생겼어. 그러다 케이와 친해질 행운 같은 기회라고 생각을 바꿨어. 문을 열고 나오니 집 앞에 선 자동차는 그동안 봐 오던 자동차의 모습과 사뭇 다르지 뭐야? 어디가 앞인지 뒤인지 구별되지 않고 양옆에 달려 있어야

하는 사이드 미러도 없었어. 날렵하게 빠진 자동차는 계속 눈길을 끌었지. 호기심을 참지 못한 제니는 늘 그랬듯 거침없는 손길로 자동차의 이곳저곳을 만지며 꼼꼼히 살펴보았어. 안을 들여다보니 운전석에 있어야 할 사람이 없지 않겠어? 아직 놀라긴 일러. 자동차에서 달칵 소리와 함께 갑자기 문이 스르르 열리는 거야! 어서 타라는 듯 말이지. 마른침을 삼킨 제니가 몸을 실은 순간 문이 저절로 닫혔어.

- 안녕하세요! 반갑습니다.

"어매야! 깜짝 놀랐다이가. 니 누고?"

- 정보를 처리 중입니다. 경상도 사투리가 인식되었습니다. 방금 말씀하신 내용이 '어머나! 깜짝 놀랐어. 너는 누구니?'가 맞습니까?

"마…… 맞는데 케이 집으로 갈라카는데 우야 하노? 깜짝 놀랐다 아이가! 이기 모 암것도 없네."

- 저는 전자 비서 세크레타입니다. 제나 님을 안전하게 케이 님의 집까지 모시도록 되어 있습니다. 추천 경로로 안내하겠습니다.

자동차에 탄 지 5분이 지났을까? 제니는 사람 없이 자동차가 움직이자 너무 무서웠어. 제대로 가고 있는지 불안해하는 제니에게 최첨단 인공위성으로 빠르고 정확하게 안내하고 있다는 세크레타의 또박또박 한 답이 들려왔지. 한결 마음이 놓인 제니는 달리는 자동차에서 사람 없이 움직이는 다른 자동차들을 보았어. 그 안에는 일하는 사람, 공부하는 사람이 있잖아!

"꺄악! 아…… 앞에…… 사람!"

갑작스러운 보행자의 등장에 놀란 제니가 벨트를 꽉 잡으며 눈을 감았어. 요란한 제니의 반응과 달리 자동차는 부드럽게 멈췄지.

- 걱정 마십시오. 센서로 사람의 위치를 감지했으며 빅데이터로 행동 예측을 통해 앞사람이 어디로 움직일지 모두 파악했습니다.

땀을 쓸어내리던 제니는 머쓱해졌어. 자동차가 사람의 움직임을 미리 알고 피하다니 엘리시움은 정말 놀라운 곳이라고 생각했거든. 곧 세크레타가 목적지에 도착했다고 안내했어.

"데려다줘서 고마워, 그런데 나 제나 아니고 제니다! 확 마!"

- 네, 제나…… 제니 님. 이용해 주셔서 감사합니다.

제니가 집에 들어가자 외국인 소년이 소파에 앉아 홀로그램 창을 들여다보고 있었어. 외국어를 못하는 제니가 우물쭈물 한국말로 인사했어.

"아, 만나서 반가워. 나는 제…… 제니라고 해."

"안녕, 잠시만! 케이, 제니라는 친구가 왔는데?"

소파에 앉아 있던 소년이 무심히 인사하고 방을 향해 소리쳤어.

"뭐? 제나가 아니고? 잠깐만! 하던 일만 마무리하고 나갈게."

센서(Sensor) _주변의 상태를 감지해 전기 신호로 바꿔 주는 장치.
빅데이터(Big Data) _양이 많고 늘어나는 속도가 빠르며 종류가 다양한 데이터.

제니는 창가 쪽 소파에 어색하게 앉았어. 자신 외에도 초대받은 사람이 있다는 사실에 조금 실망했거든. 잠시 뒤 거실로 나온 케이는 제니를 보고 깜짝 놀랐어. 초대한 사람은 제나였는데 제니가 와 있잖아. 풍부한 프로그래밍 지식으로 언제나 자신을 돕던 제나와 이번에도 함께할 생각이었는데 엉뚱한 사람이 오다니. 게다가 같은 반이라고는 하지만 제니와 친하지 않아 서먹한 사이인데 당황스럽지 않겠니?

'초대장이 왜 제나가 아닌 제니에게 갔을까? 이를 어쩌지?'

주어진 초대장을 이미 다 쓴 케이에게 제나를 초대할 다른 방법은 없었어. 생각을 바꾼 케이는 태연한 척 이야기했어.

"안녕? 내…… 초대에 좀 놀랐지? 늦게 나와서 미안해."

"나만 초대한 줄 알고 놀…… 아니, 초대해 줘서 고마워."

친절한 케이의 말에 제니는 제 속말을 꺼낼 뻔했지.

"내가 너희를 초대한 이유는……."

"알아, 퀘스트! 그걸 해결해야 하는 거지?"

들뜬 제니의 외침에 머뭇거린 케이가 진지한 표정으로 말했어.

"맞아. 관리자에게 메시지 받았지?"

"그럼! 오자마자 봤는걸? 운명을 결정할 수도 있다고 했어."

제니는 처음 보았던 메시지의 내용이 떠올랐어.

"퀘스트를 해결해야 여기를 빠져나갈 수 있다나 뭐라나?"

주황 머리 소년도 메시지에서 본 내용을 이야기했어. 그때 관리자에게서 새로운 메시지가 도착하지 않겠어?

여러분에게 앞으로 주어질 퀘스트는 모두 다섯 개!
퀘스트를 성공할 때마다 보상과 함께
다음 퀘스트로 자동 연결됩니다.
퀘스트에 실패한다면 페널티가 주어집니다.
페널티는 결코 여러분의 안전을 보장하지 않습니다.

"뭐? 안전을 보장하지 못하는 페널티? 이게 대체……?"

제니를 비롯한 모두는 혼란스러워졌어. 엘리시움의 퀘스트는 비밀

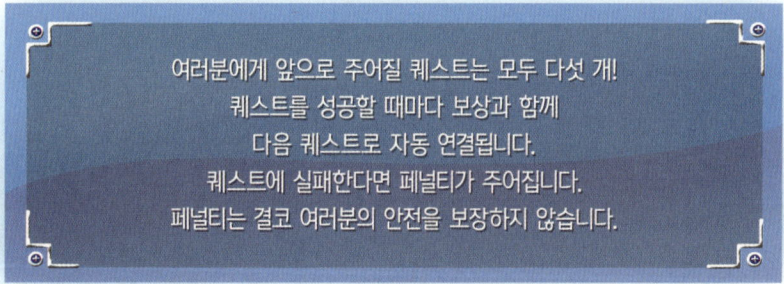

스러운 만큼 위험해 보였거든. 무거운 분위기에서 케이가 말했어.

"첫 초대자인 나한테는 메시지가 하나 더 왔어. 자, 봐."

케이는 레기맨에게 받은 메시지를 제니와 소년에게 전달했어. 메시지가 전해지자 각자의 메시지 창을 열어 내용을 확인했지.

동료? 파티? 알쏭달쏭한 말이 섞인 메시지는 어려운 수학 문제 같았어. 그때 소년이 짓궂은 표정으로 제니와 케이에게 말했어.

"나도 초대 메시지 받았다! 자, 봐. 이 메시지를 확인하기 전에 퀴즈

대회 상품으로 받은 초대권을 썼더니 첨부된 초대권이 사라지더라고! 치사하게 줬다 뺏나 싶더라니까!"

"근데 넌 누구야? 한국어를 왜 이렇게 잘해?"

"에헴, 난 꾸러기라고 해! 세계 퀴즈 대회 우승자인 내 뉴스가 나갔을 텐데 TV도 안 보셨나? 난 한국어 포함해서 5개 국어를 하거든!"

'널 신경 쓸 틈이 어딨어? 케이의 수상 소식을 보기도 바빴는데.'

제 자랑을 늘어놓던 꾸러기는 먼저 초대받은 케이의 연락으로 이곳에서 만났대. 자신을 알아본 케이와 쉽게 친해졌다며 안 물어봤고 안 궁금한 이야기들을 나불나불 제니에게 늘어놓았지. 사정이 어쨌든 꾸러기는 게임 캐릭터를 조작하듯 창을 여유롭게 다루며 받은 메시지를 두 사람에게 보여 주었어. 제니는 자유롭게 시스템을 다루는 꾸러기를 보고 천재는 다르다고 생각했어.

"나만 이 메시지를 받은 줄 알았는데 케이 너도 받았구나."

"꾸러기는 퀴즈 대회 우승 상품으로 이곳의 초대권을 받았고 나도 세계 프로그래밍 대회에서 초대권을 얻었지. 이 모두가 레기맨이 지켜보고 계획한 일이 아닐까?"

"아, 두 사람은 뛰어난 능력을 인정받아서 엘리시움이 선택해 초대됐구나. 난 제나가 와야 할 자리에 실수로 온 거고."

이곳으로 오는 자동차에서 제니는 케이와 가까워질 기회라는 생각에만 푹 빠져 있었어. 그런데 실수로 초대되었다고 생각하니 마음이

상했지. 잠깐, 그렇다고 미리 나쁘게 생각할 이유는 없잖아?

'내가 퀘스트 해결에 도움을 주면 케이와도 전보다 더 가까워질 수 있지 않겠어? 전화위복이라고!'

제니는 긍정 왕답게 생각을 바꿨어. 그때 제니와 두 소년에게 퀘스트 해결을 위한 파티 참가 등록 메시지가 들어왔어. 케이와 꾸러기는 망설이지 않고 **[예]** 버튼을 눌렀지. 케이와 꾸러기보다 조금 부족해 보여도 제니 또한 학교 해결사로 유명한 소녀 명탐정 아니겠어? 그리고 케이와 가까워질 수 있는 절호의 기회를 놓칠 수 없지! 마음을 굳힌 제니까지 파티 참가를 받아들인 순간이었어. 모두 볼 수 있는 커다란 창이 열리고 메시지가 나타나지 뭐야?

첫 번째 퀘스트, 이스터 에그를 찾아라!
엘리시움 내에서 이스터 에그를 찾아야 합니다.
주어진 시간에 이스터 에그를 찾지 못한다면 퀘스트 실패!
실패의 페널티는 자유 박탈입니다. 엘리시움의 선택된 자에서 환영받지
못한 자가 된 당신은 이곳을 위협하는 수상한 범죄자로 간주해
지하 감옥에 갇히게 됩니다.

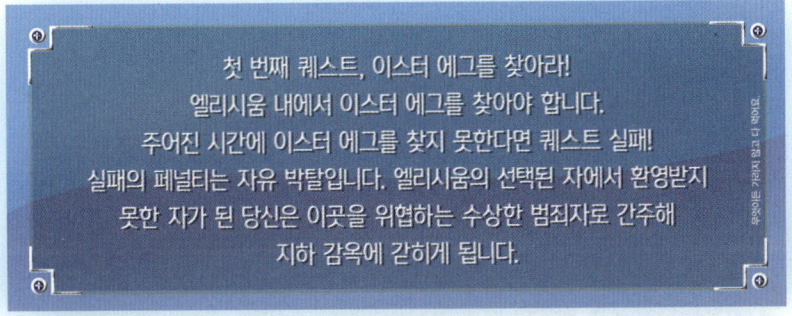

케이와 꾸러기가 이스터 에그를 어떻게 찾을지 생각하는 사이, 제니는 마지막 문장과 **홀로그램**으로 뜬 처참한 감옥의 영상을 보고 눈이 커졌어.

"감옥? 가둬? 뭔 소리고? 이 얼라가 뭐라 하능교!"

홀로그램(Hologram) _실물과 똑같이 입체적으로 보이게 하는 기술.

머리를 부여잡고 꽥 소리 지르며 방방 뛰는 제니를 처음 본 케이와 꾸러기는 동그랗게 눈을 뜨고 멀뚱히 바라봤어. 두 소년의 시선에 머쓱해진 제니는 케이를 의식해 말을 가다듬으며 말했지.

“크흠. 이스터 에그라니 어, 어디에서 찾나~ 요? 호호.”

얌전하게 손으로 입을 가리며 웃는 제니를 보고 꾸러기는 인상을 찌푸리며 몸서리를 쳤어. 그러거나 말거나 전체 메시지를 살핀 제니가 넋이 나간듯 다시 중얼거렸지.

“이스터 에그? 이기, 이기 또 뭔 소리? 돌아삐겠네.”

“흠! 영쿡에서 온 꾸러기 님이 이스털 에그가 뭔지 설명해 주지.”

꾸러기가 팔짱을 끼며 거들먹거리는 목소리로 말했어. 한껏 혀를 굴리며 익살스럽게 말하는

꾸러기의 말에 이번에는 제니의 인상이 구겨졌어. 둘의 모습을 보고 고개를 흔들며 가볍게 웃은 케이가 차분히 말했지.

"꾸러기는 모르는 게 없는 척척 박사야. 똑똑한 체할 때나 영국에서 왔다는 걸 자랑할 때 발음을 과하게 굴리는데 네가 이해해."

"So~ 설명 계속할게. 이스터 에그는 프로그램 제작자가 숨겨 놓은 메시지를 뜻해. 오래전, 처음 엘리시움을 설계할 때 나도 함께한 적이 있어. 정확히 기억은 안 나지만 몇 군데 숨길 곳을 마련해 뒀지. 가장 유력한 곳은 놀이공원 정도? 다른 곳은 없어졌거든."

"그 큰 놀이공원에서 정말 찾을 수 있을까?"

케이가 자신 없는 목소리로 묻자 꾸러기는 힘차게 말했어.

"우리가 힘을 합치면 No problem!"

"근데 너…… 이름이 진짜 꾸러기야?"

"쉿! 내 진짜 이름은 아무거나스 안가리고스 장난꾸러기야. 크하하!"

"뭐야! 지금 농담이 나와?"

"모두 날 꾸러기라고 부르니 일단 그렇게 부르라고!"

케이가 실없는 말과 행동을 주고받는 제니와 꾸러기를 재촉했어.

"60분밖에 없으니 이스터 에그를 찾으러 놀이공원에 가야 해!"

어느새 시스템의 지도를 연 케이는 놀이공원으로 향하는 길을 찾아 앞장섰어. 제니는 케이의 듬직한 뒷모습을 바라보며 문을 나섰지. 꾸러기는 뭔가 골똘히 생각하는 표정으로 그 뒤를 따랐어. 엘리시움 원정대의 첫 번째 퀘스트 여행이 시작된 거야!

1장

메타버스를 알아보자

메타버스(Metaverse)는 초월을 뜻하는 '메타(Meta)'와 현실 세계를 뜻하는 유니버스(Universe)를 더한 말이에요. 실제 세상을 본뜬 3D 디지털 공간이지요. 메타버스에서 일·게임·쇼핑·여행·학교에 가기 등 무엇이든 할 수 있어요. 로블록스·포트나이트·마인크래프트가 대표적인 메타버스 플랫폼이랍니다.

메타버스는 크게 네 종류로 나눌 수 있어요. 먼저 증강 현실은 현실 공간에 2D나 3D로 나타낸 가상의 물체를 겹쳐 만든 환경이에요. 라이프로깅은 사람과 사물에 대한 일상 경험이나 정보를 기록해 다른 사람과 나눌 수 있어요. 거울 세계는 현실 세계를 있는 그대로 디지털에 담아낸 세계를 말해요. 가상 세계는 현실과 비슷하거나 완전히 다른 세계를 만들 수 있어요. 온라인에서 아바타를 통해 현실 세계의 경제·사회적 활동을 할 수 있어요.

메타버스의 종류

	증강		
외적	증강 현실(Augmented Reality) POKéMON ANIMATION STUDIO SNOW	라이프로깅(Life Logging) facebook Instagram	내적
	거울 세계(Mirror World) Google Earth zoom Video Communications	가상 세계(Virtual Reality) ZEPETO 마인크래프트	
	시뮬레이션		

자율주행자동차 들여다보기

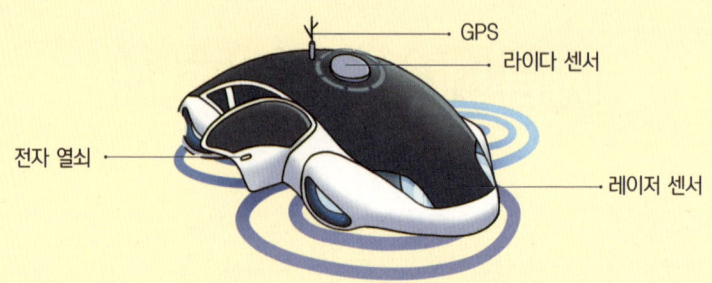

자율주행자동차(Self-driving Car)는 사람이 운전하지 않아도 차의 여러 센서와 지도 등으로 목적지에 스스로 찾아갈 수 있어요. 주변을 살펴서 위험을 피할 수도 있답니다. 미국자동차공학회(SAE)에서는 자율 주행 기술을 여섯 가지 단계로 보여 줬어요.

자동화 단계	특징	내용
0단계	無 자율 주행 (No Automation)	운전자가 자동차를 모두 다룬다.
1단계	운전자 지원 (Driver Assistance)	달리기와 멈추기 등처럼 일부만 자동이다.
2단계	부분 자동화 (Partial Automation)	고속도로와 같은 곳에서 차선과 간격을 유지할 수 있지만 사람이 주변을 살피고 운전한다.
3단계	조건부 자동화 (Conditional Automation)	자동차가 상황을 살펴 스스로 달린다. 3단계부터 '자율주행자동차'라고 할 수 있다.
4단계	고도 자동화 (High Automation)	주어진 조건에서 운전자 없이 자동차 스스로 운전할 수 있다.
5단계	완전 자동화 (Full Automation)	운전자 없이 자동차 스스로 원하는 곳까지 갈 수 있다.

2

이스터 에그를 찾아라!

"넓은 놀이공원에서 이스터 에그를 찾는다니. 단서가 너무 없어. 그나저나 퀘스트를 다 해결하면 진짜 집에 돌아갈 수 있는 거야?"

마음속으로 읊조리던 말이 제니도 모르게 입 밖으로 튀어나왔나 봐. 제니의 혼잣말을 들은 케이가 대꾸했어.

"걱정 마. 나도 있고 꾸러기도 있으니까 금방 해결할 수 있어!"

"케이 얼굴에 정신이 팔려서 잊었나 본데 여기 퀘스트를 해결할 똑똑이가 두 명이나 있다고. 넌 누워서 떡이나 먹고 있으라니까?"

"너…… 어!"

기운을 북돋워 주는 케이를 보며 얼굴이 빨개진 제니를 꾸러기가 놀려 댔어. 얄미운 그 말에 어떻게 가만있겠어? 꾸러기를 가만두지 않으려는 듯 제니가 손을 치켜들고 사납게 달려들었지. 어찌나 무서운 기세이던지 꾸러기는 얼른 케이의 뒤로 숨었어.

"봤어, 봤어? 제니가 일어나니까 꿈쩍 않던 무거운 의자가 확 밀리는 거? 인간 코뿔소! 힘쓰는 일은 다 네가 해라!"

"너, 내가 잘하는 게 얼마나 많은데 그래? 이, 이 세계만 모르지, 잘하는 거 많아! 이를테면 너한테 꿀밤 때리기 같은 거!"

기어이 꾸러기에게 꿀밤을 때리려는 제니와 요리조리 날쌔게 피하는 꾸러기가 쫓고 쫓기는 추격전을 벌였어. 퀘스트 해결보다 몸싸움에 정신이 팔린 둘을 보면서 케이의 고개가 절레절레 흔들렸어.

'장난만 치기 바쁜 파티원이 두 명이라니, 하아. 제나를 부를 방법은 정말 없나? 이 파티원으로 정말 퀘스트를 해결할 수 있냐고.'

한숨을 쉰 케이는 손뼉을 쳐서 투닥거리는 두 사람의 시선을 집중시켰어. 이어서 첫 번째 퀘스트인 이스터 에그가 어디 있는지 단서들을 찾아보자고 했지. 제니와 꾸러기가 시스템 창의 아이콘을 눌러 보고 여기저기 살펴보았지만 아무것도 나타나지 않았어. 퀘스트 관련 단서를 조금도 찾을 수 없어 모두가 풀이 죽어 있을 때야. 저만치서 케이를 부르는 소리가 들렸어.

"케이!"

소리가 난 쪽에서 어떤 여자아이가 반갑게 손을 흔들며 달려왔어. 어라? 쟤는 케이에게 밀려 세계 프로그래밍 대회 한국 대표에서 떨어진 같은 학교 패키잖아? 패키는 프로그래밍 지식이 엄청난 친구야!

"너희, 여기에 모여 있었구나."

패키는 제니 일행이 무슨 이야기를 나누었는지 궁금해했어. 제나의 빈자리가 아쉬웠던 케이는 제 소개를 하며 인사하는 패키에게 조금 들뜬 목소리로 그간의 상황을 설명했어.

"그럼 너희 셋뿐이라는 소리? 나도 함께할 수 있다면 도울게."

"좋지! 네가 도와준다면 퀘스트 해결은 더 빨라질 거야!"

케이가 이렇게 기뻐한 적이 있던가? 실력 있는 패키가 찾아와 도와준다니 웬 행운인가 싶었던 케이는 얼굴이 밝아졌어. 그 모습을 지켜보던 제니는 마음이 뾰족해졌어.

'치, 케이는 언제부터 패키랑 친했담. 나도 재만큼 도와줄 수 있는데.'

"어서 이스터 에그를 찾으러 가자. 시간이 없으니 서둘러야지!"

혼자서 궁시렁거리던 제니는 점점 가까워지는 패키와 케이 사이에 냉큼 끼어들었어. 케이와 꾸러기, 패키가 무슨 일이냐는 듯 제니를 쳐다보았어. 잠시 뒤 꾸러기는 이내 답답하다는듯 제니에게 말했지.

"제니, 우리 지금 단서가 없어서 이러고 있지 않았냐?"

"분명 우리가 놓친 게 있다니까? 여기 첫 번째 퀘스트 창을 자세히 좀 봐! 작은 글씨로 뭐가 적혀 있잖아!"

"어? 정말이네? 무엇이든 가리지 않고 다 먹어요? 무슨 소리지?"

"편식하지 말고 골고루 먹으라는 뜻인가?"

"갑자기 왠 편식? 쓸데없는 말은 왜 쓰여 있는 거야? 헷갈리게!"

어깨를 으쓱인 패키가 미간을 찌푸리며 골똘히 생각하다 쓸데없는 문장이라고 생각해 짜증을 부렸지.

"그냥 쓴 문장은 아닐 거야. 도대체 무슨 뜻이지?"

케이는 몇 번이고 문장을 읽어 보았지만 알 수 없었어.

"함정 아닐까? 필요 없는 말은 버리고 생각해야 해!"

답답해하는 패키의 말을 듣고 제니가 소리쳤어.

"그거야, 쓰레기통! 우리는 쓰레기통에 뭐든 버리잖아. 반대로 쓰레기통은 우리가 버리는 것이라면 '무엇이든 다' 먹으니까."

"이스터 에그가 쓰레기통 같은 데 있다고?"

놀란 패키가 말도 안 된다는 듯 제니를 쳐다보았어.

"보물을 쓰레기통에 숨길 거라고 예상하는 사람은 없긴 하지?"

꾸러기는 그럴싸한 답을 말한 제니에게 고개를 끄덕여 보였어.

"제니의 말대로 먼저 쓰레기통을 찾아보자. 놀이공원에는 쓰레기통이 많으니까 둘씩 나눠서 출발하면 더 빨리 찾을 수 있겠지? 내가 꾸러기랑 놀이공원의 왼쪽을 찾아볼게. 패키랑 제니는 플레이라운지 쪽을 살펴봐 줘. 찾으면 바로 연락하고!”

말이 끝나기 무섭게 케이는 꾸러기와 놀이공원의 왼쪽으로 뛰어갔어.

“아, 내가 케이랑 가고 싶었는데. 에잇.”

“제니, 방금 뭐라고?”

아이쿠! 아쉬운 마음에 혼잣말하다가 패키에게 속마음을 들킬 뻔했잖아? 패키의 목소리에 깜짝 놀란 제니는 얼굴이 빨개졌어. 둘은 곧 플레이라운지 쪽으로 뛰었어. 어느 순간부터 앞서 달린 패키는 적극적으로 제니를 이끌며 이스터 에그를 찾아다녔지. 조용한 줄 알았던 패키에게 저런 면이 다 있네? 그런데 패키를 따라가던 제니는 점점 플레이라운지와 멀어지는 기분이 들었어. 길눈이 밝았던 제니는 플레이라운지를 벗어나 같은 자리를 계속 맴돈다는 걸 알아챘어. 패키는 길을 잘 모르는 게 분명해! 시간이 사라질수록 마음이 급해졌는지 패키는 더욱 빠르게 여기저기를 뒤적이며 살폈지. 안 되겠다 싶었던 제니가 조심스럽게 패키를 불렀어. 그때 뭔가를 찾은 듯 패키가 환호하지 뭐야?

“꺄악! 드디어 찾았어!”

“뭐? 정말? 어디 좀 보여 줘!”

그런데 이게 뭐야? 패키의 손에 들린 건 리모컨이잖아! 밝은 표정을 한 패키를 보고 제니는 말문이 막혔어. 누가 봐도 저건 이스터 에그가 아닌걸? 이스터 에그를 찾았다며 기뻐하는 패키에게 할 말을 고른 제니가 조심스럽게 눈치를 보며 입을 열었어.

"패키, 이스터 에그처럼 보이진 않는데? 다시 찾아보면 어때?"

"이스터 에그라고 해서 달걀이라고만 생각하면 곤란해. 다양한 물건이 이스터 에그일 수 있다고."

패키는 리모컨이 이스터 에그라는 생각을 바꾸지 않았어. 제니는 케이에게 물어보자는 패키를 어렵게 설득해야 했지. 그 끝에 플레이라운지 쪽으로 돌아와 찾아봤지만 남은 시간이 얼마 없어!

"여기도 없잖아. 리모컨이 진짜 이스터 에그 아닐까?"

패키가 한쪽 눈으로 제니의 눈치를 보며 이야기했어.

"퀘스트가 이스터 에그 찾기인데 찾았을 때 반응이 없었는걸?"

이렇게 대꾸한 제니는 수십 개가 넘는 쓰레기통을 다시 이 잡듯 뒤졌어. 정말 패키의 말처럼 리모컨이 이스터 에그인 걸까? 잠깐, 근처에서 낯선 기계 소리가 작게 들려오는데? 소리가 나는 곳으로 걸음을 옮긴 제니는 정신 없이 그곳에 있던 쓰레기통 속을 헤집었어. 안에 믿기지 않을 만큼 깨끗한 달걀 하나가 있었지.

'허, 이스터 에그가…… 정말 에그(달걀)였어?'

"패키…… 패키! 여기 와 봐!"

제니가 패키를 부르는 순간 손에 쥔 달걀이 떠오르더니 솟구치는 빛 사이로 기계 하나가 보여! 뿌연 기계를 손으로 조심스럽게 쓸어 보았더니, 'Hello world'라는 인사와 함께 'I'm a Chatbot'이라는 글이 나타났지. 그제야 둘은 이스터 에그에 숨겨진 보물이 **챗봇**임을 알았어.

챗봇(Chatbot) _음성이나 문자를 통한 대화로 작업을 수행하도록 만든 인공지능.

“꺄악! 우리가 해냈어! 이스터 에그를 찾아냈다고!”

패키와 제니는 얼싸안고 방방 뛰며 환호했어. 그때 메시지 창이 울리더니 둘 앞에 반짝이는 배지가 나타나지 않겠어?

“달걀 모양을 보니 퀘스트에 성공할 때마다 배지가 채워지나 봐.”

이윽고 제니와 패키 앞에 또 다른 메시지가 나타났어. 첫 번째 퀘스트에 성공하여 파티원에서 랜덤으로 한 사람에게 개별 퀘스트가 주어진다는 내용이었지. 누구에게 개별 퀘스트가 갈지 궁금해할 때 케이와 꾸러기에게도 똑같은 메시지가 보내졌어.

“이제 챗봇을 켜자! 전원을…… 어? 전원 버튼이 없어!”

“커흠. 이제 내가 나설 차례인가?”

챗봇을 요리조리 보던 제니가 당황스러운 듯 쳐다보자 패키는 자신 있게 웃으며 챗봇을 쓰다듬었어. 그러더니 갑자기 주먹으로 챗봇을 내리치지 않겠어? 놀란 제니가 패키의 손에서 챗봇을 빼앗아 왔어.

“뭐 하는 거야? 얼마나 힘들게 찾은 보물인데!”

‘애 정말 프로그래밍 실력자 맞아? 내가 스마트폰 고장 났을 때 하는 행동이랑 똑같잖아?’

“컴퓨터가 고장 났을 때도 이렇게 치면 되거든?”

패키가 챗봇을 가져가려 손을 뻗었어. 요리조리 피해 봤지만 패키의 집요한 손을 피할 수 없었지. 챗봇을 빼앗긴 제니가 툴툴댔어.

“그래, 네 마~ 음대로 해 봐라! 쳇!”

“체엣? 프로그램 관련해서는 내가 실력자거든? 챗챗이다! 흥!”

그때 갑자기 챗봇이 켜지면서 맑은 벨 소리가 울렸어.

- 안녕하세요! 저는 당신을 도울 챗봇, 챗챗입니다! 저를 불러 주셔서 감사합니다. 무엇이든 물어보세요.

제니는 챗봇과 패키를 신기하다는 듯 쳐다봤어. 패키는 챗봇의 실행 방법을 알고 있었다는 듯 의기양양하게 어깨를 으쓱였지. 그때 제니에게 메시지가 도착했어.

랜덤 퀘스트 대상자 : 한제니

파티의 비밀스러운 기획자가 된 당신은 혼자의 힘으로 엘리시움 탐험 계획을 세워야 합니다. 탐험에는 정보, 엘리시움, 스킬, 돈, 이 네 가지가 꼭 있어야 합니다. 파티원 모두가 참여하고픈 엘리시움 탐험 계획을 세우세요.

1. 비밀 유지 : 자세한 계획 내용을 공개하면 퀘스트 실패!
2. 전체 참여 : 파티원 중 한 명이라도 참여하지 않으면 퀘스트 실패!

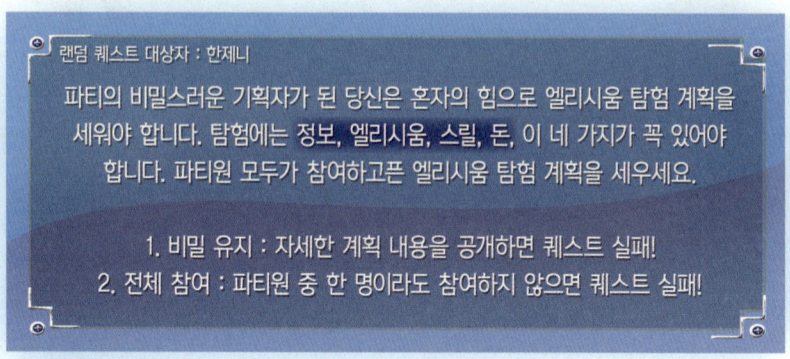

'퀘스트 대상에 내 이름이 있는 걸 보니 나한테만 온 메시지인가?'

"왜 그래? 무슨 일 있어?"

"아, 그게……. 혹시 계획 세워 본 적 있어?"

"챗봇을 앞에 두고 갑자기 그게 무슨 소리야?"

'다행이다. 개별 퀘스트 메시지는 나한테만 온 모양이구나.'

패키에게 손사래를 친 제니는 별것 아니라며 말을 돌렸어.

"설마 너 뭔가 받았어? 근데 왜 말을 안 해? 같은 팀인데 제대로 정보 공유도 안 하다니 무슨 꿍꿍이야?"

패키가 계속 불만을 털어놓자, 제니는 현명하게 대답했어. 좋아하는 남자애와의 데이트 계획을 세우는 퀘스트라고 슬쩍 바꿔 말했지. 퀘스트 조건을 자세하게 말하지 않으면 됐잖아. 제니의 말을 들은 패키는 생각에 잠겼다가 허공에 뭔가를 쓰면서 계산했어.

“이름으로 점을 봐서 둘이 이어질 확률을 계산해 줄게. 오케이와 한제니로 계산하니까 96%.”

“내가 케이 좋아하는 줄은 어떻게 알았어? 꾸러기일 수도 있잖아.”

“네가 꾸러기를? 귀신을 속여라. 너 케이 볼 때 눈이 완전 달라.”

“으아, 저…… 정말? 케이도 아는 거 아니겠지?”

“걔는 은근히 눈치가 꽝이야. 흠, 이름점 결과가 96%이니 잘되겠네.”

“이름점? 난 미신은 안 믿지만…… 그거 어떻게 하는데?”

제니는 퀘스트를 꾸며 말하긴 했지만 좋아하는 케이와 잘될 확률이 높다고 하자 기분이 좋아졌어. 들뜬 나머지 이름점 방법을 물었지.

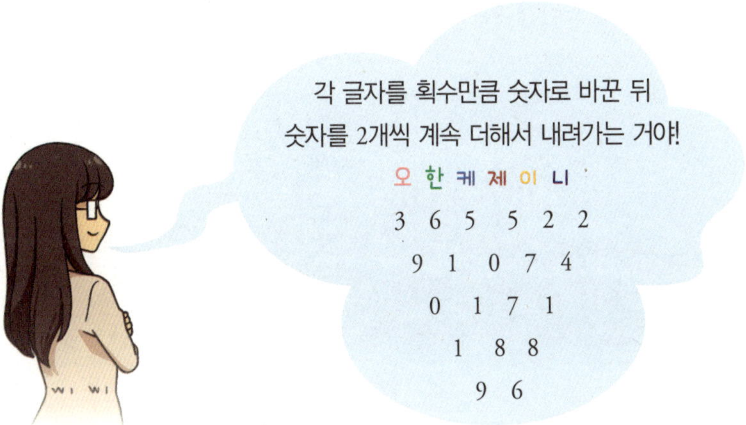
각 글자를 획수만큼 숫자로 바꾼 뒤
숫자를 2개씩 계속 더해서 내려가는 거야!
오 한 케 제 이 니
3 6 5 5 2 2
9 1 0 7 4
0 1 7 1
1 8 8
9 6

생각보다 재미있는 이름점에 제니는 케이에게도 알려 줘야겠다고 마음먹었어. 그때 이스터 에그를 찾자마자 연락하라던 말이 떠올라 케

이에게 연락하려는 찰나였어. 때마침 저쪽에서 케이와 꾸러기가 가쁜 숨을 몰아쉬며 뛰어오고 있잖아?

"제니야, 알림으로 봤는데 이스터 에그를 찾은 거야? 잘했어!"

"패키랑 같이 찾았어. 근데 들어 봐. 내가 재밌는 점을 배웠거든? 이름점이라고 우리 둘이 96%가 나오는 거야. 그래서……."

"놀고들 있네. 이스터 에그를 찾았으면 바로 알려야지! 너희가 찾았다고 딴짓하는 동안 우리는 허리가 부러져라 찾고 있었다고!"

꾸러기가 허리를 두드리며 쏘아붙이자 머쓱해진 제니는 패키를 쳐다봤어. 패키도 아무 말 못 한 채 우물쭈물 제니만 바라보았지.

"너희, 집에 가기 싫구나? 계속 여기 있을래? 어?"

꾸러기의 잔소리가 이어지려는 때, 메시지 알림 소리가 들렸어.

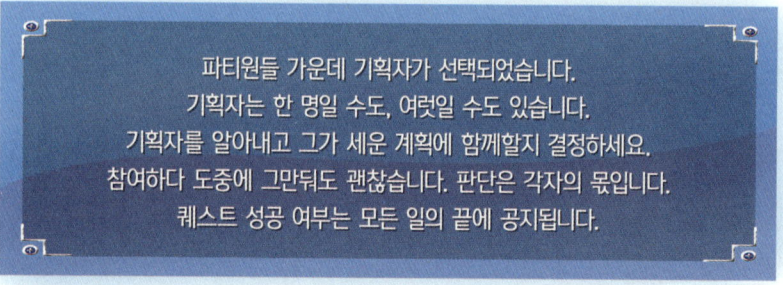

파티원들 가운데 기획자가 선택되었습니다.
기획자는 한 명일 수도, 여럿일 수도 있습니다.
기획자를 알아내고 그가 세운 계획에 함께할지 결정하세요.
참여하다 도중에 그만둬도 괜찮습니다. 판단은 각자의 몫입니다.
퀘스트 성공 여부는 모든 일의 끝에 공지됩니다.

모두 모여 퀘스트 안내 창을 보며 생각하는데 패키가 말했어.

"이건 또 뭐야? 퀘스트를 누가 또…… 읍?"

이 바보! 말하는 순간 실패라니까! 제니가 빛의 속도로 패키의 입을 막으며 입술을 꽉 깨물고 작게 경고하자 패키는 머리를 긁적였어. 제니와 패키가 실랑이를 벌이는 모습을 보고 꾸러기는 퀘스트의 기획자가 누군지 눈치챘지. 어떻게 흘러갈지 모르겠지만 꾸러기는 자리를 피해 주는 게 좋겠다고 생각했어.

"우린 다른 단서가 더 있는지 보고 있을게!"

"누가 기획자인지 찾아서 움직여야지 무슨 소리야?"

어머나, 장난만 칠 줄 알던 꾸러기 녀석, 제법인데? 제니 쪽을 향해 윙크하더니 케이를 데리고 자리를 옮겨 주잖아, 좋았어!

"너희, 이번에는 꼭 제대로 연락해!"

'됐어. 서둘러 계획을 세워야겠네. 보자, 조건이 정보와 엘리시움, 스킬과 돈이었지? 왠지 요 챗봇을 써야 할 것 같은데? 패키한테는 케이와 데이트 계획이 퀘스트라고 했으니 이걸로 큰 계획을 짜자.'

"엘리시움에서 얻은 챗봇한테 물어보면 쉽겠지. 챗챗!"

- 안녕하세요! 당신을 도울 챗봇, 챗챗입니다! 무엇이든 물어보세요.

'정보라는 조건을 만족해야 하니 엘리시움에서 준 이걸 써야 할 것 같았는데 제대로 선택했구나!'

"케이라는 친구랑 데이트를 할 건데, 어떻게 해야 할지 모르겠어."

"케이는 평소에 못 해 본 걸 재미있어하지 않을까?"

패키는 관심사가 비슷한 데다 오래 친구로 지낸 케이를 잘 알고 있었지. 제니는 패키가 있어 다행이라고 생각했어.

“데이트를 하려면 돈이 있어야 할 텐데. 챗챗. 여기서 돈은 어떻게 벌어?”

- 엘리시움의 화폐 단위는 ‘엘코인’입니다. 엘리시움을 한눈에 담는 충전 퀘스트를 수행하시면 엘코인을 충전할 수 있습니다. 엘리시움 전경을 눈에 많이 담을수록 많은 돈이 충전됩니다.

‘높은 곳이라면 전경을 많이 담을 수 있겠지? 그러면 자연스럽게 퀘스트에서 내건 조건들을 만족할 수 있겠어.’

“그럼 본격적으로 케이와의 데이트를 계획해 볼까? 챗챗.”

- 다음의 시스템 창에 분석을 위한 케이 님의 정보를 입력해 주세요.

- 분석 중입니다. 조금만 기다려 주세요. 입력 내용을 바탕으로 빅데이터를 분석한 결과 [케이] 님처럼 코딩과 여행을 취미로 하는 10대 남성의 데이트 코스로 [번지점프 하기] - [스마트 상점 둘러보기] - [딥페이크랜드 체험하기]를 추천합니다. 바로 예약할까요?

"와! 이렇게 바로 나온다고? '딥페이크랜드 체험하기'라니 챗챗이 아니었다면 생각지도 못했을 거야."

"잠깐. 이거 잘못된 거 아니야? 나, 패키는 10대 여성, 코딩과 여행을 취미로 하지만 딥페이크랜드는 안 좋아하는데? 차라리 '홀로그램 두더지 잡기'라면 모를까."

"자, 잘못됐다고? 챗챗! 이거 확실해?"

- 챗챗은 마음대로 대답하지 않습니다. 챗챗 같은 챗봇은 알고리즘에 따라 대답합니다. 수많은 사람의 선택과 추천, 만족도 등의 빅데이터를 활용하여 결론을 내립니다. 따라서 가장 최선의 대안을 제공할 수 있습니다.

"그…… 그렇다면 챗챗을 믿어 볼 만하지 않을까? 어때, 패키?"

- 패키 님의 말에는 오류가 있습니다. 엘리시움 접속 이전, 언어 습관, 행동 양식을 분석한 결과 패키 님은 다혈질, 질투가 많은 성격에 속합니다. 따라서 '딥페이크랜드'보다 '홀로그램 두더지 잡기'가 어울릴 확률이 95%로 높습니다.

"다혈질? 질투? 야! 너!"

챗챗의 말에 흥분한 패키가 크게 소리치며 발길질까지 하려 하자

코딩(Coding) _C언어나 자바, 파이썬 등의 컴퓨터 언어로 프로그램을 만드는 것.

제니는 말리느라 진땀을 빼야 했어. 어휴, 조용한 패키에게 이런 면이 또 있다니?

'다혈질 맞구만. 역시 정확한 챗챗은 틀리지 않네.'

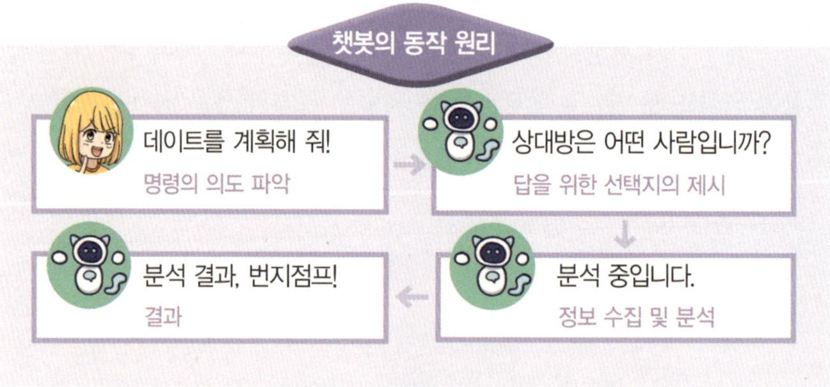

“제니야, 챗봇을 너무 믿지 마. 챗봇이 사용하는 빅데이터가 잘못되었다면 결론에 오류가 있을 수 있어. 데이터를 바르게 입력했더라도 비교 사례가 많지 않으면 정확도도 떨어질 수 있다고. 10대인 너와 내가 초록색을 좋아한다는 정보만으로 10대 여성은 모두 초록색을 좋아한다는 결과가 나오면 정확한 결론이겠니?”

제니가 끄덕이며 귀를 기울이자 패키는 더욱 열띠게 설명했어.

“게다가 챗봇은 감정을 이해하지 못해! 그냥 로봇일 뿐이야. 데이트하는 설렘도 모르면서 데이트 코스 추천이 말이 되니?”

문제점을 조목조목 따지는 패키의 말은 계속 이어졌어. 제니가 곁눈질로 챗챗의 화면을 슬쩍 보자 **이모티콘**이 떠 있지 뭐야?

- *_*;;

‘저 이모티콘이 왠지 신경 쓰이는데? 설마…… 화내는 건 아니겠지? 정보도 모으기 전인데 화나서 꺼지면 퀘스트 실패잖아!’

조바심이 나 손톱을 물어뜯던 제니는 이를 악물고 뭉개듯 이야기했어.

“프키야, 그만희……. 제블 그마안…….”

안 되겠다 싶었던 제니는 계속되는 패키의 말에 끼어들며 말했어.

“와. 그래도 챗챗 정말 대. 단. 하. 다. 바로 대답해 주니 기다리지 않아서 편하고 아무 곳에서 아무 때나 사용하니 더 좋네.”

챗챗의 눈치를 살핀 제니가 패키의 옆구리를 툭 치며 슬쩍 웃음을 지었어.

이모티콘 _문자와 기호, 숫자 등을 더해 만든 그림 문자.

'패키, 억지로 칭찬하기 싫은 거 잘 알지만 이번만 넘어가자, 어?'

제니의 간절한 신호가 통한 걸까? 여전히 못마땅한 표정을 지우지 못했지만 패키는 억지로 제니와 말을 맞춰 줬어.

"그으래. 챗챗은 똑, 똑, 하니까 장점이 많겠네."

- ^_^?

제니는 챗챗의 달라진 이모티콘이 모르겠다는 뜻인지, 더 칭찬해 달라는 뜻인지 헷갈렸어. 아까보다 훨씬 나은 표정이었지만 긴장을 풀 수 없어서 챗챗을 이글거리는 눈으로 바라봤지.

챗봇의 단점

여러 뜻이 있는 단어나 상황을 해석하지 못한다.

사용자의 감정을 이해하지 못한다.

잘못된 데이터를 학습하면 이해할 수 없는 결과를 나타낸다.

정확하게 분석하려면 아주 많은 데이터가 필요하다.

- ㅋㅋㅋㅋㅋㅋㅋㅋㅋㅋㅋㅋㅋㅋㅋㅋㅋㅋㅋㅋㅋㅋㅋㅋㅋㅋㅋㅋ

"키읔? 지금 키읔을 썼어? 너 무슨 뜻인지 알고 쓰는 거야?"

패키와 제니는 챗봇 화면에 뜬 메시지를 보고 황당했어. 챗챗이 제니 또래 친구들이 쓰는 웃음 이모티콘을 쓸 줄은 몰랐거든.

- 저에겐 개그 데이터도 있는데 그 내용과 행동을 하셔서 웃음을 참을 수가 없었어요. 옛날의 챗봇과 엘리시움의 최첨단 챗봇이 어떻게 다른지 잘 모르시니 제가 단점과 장점은 물론, 챗봇이 하는 일까지 친절히 설명해 드리겠습니다.

챗봇의 장점

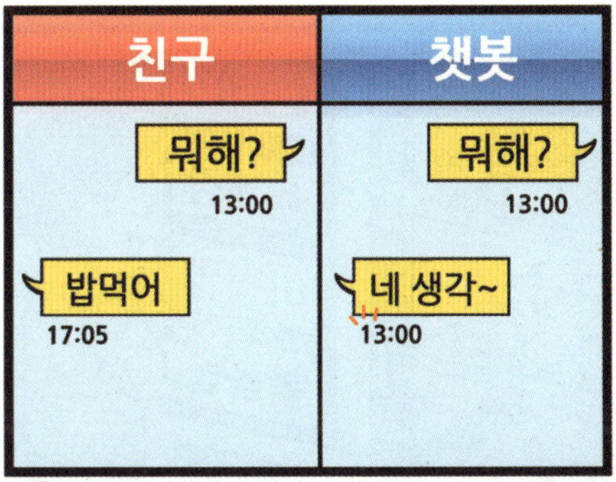

반응이 빨라 기다리지 않아도 된다.

원하는 시간에 맞춰 365일 24시간 내내 사용할 수 있다.

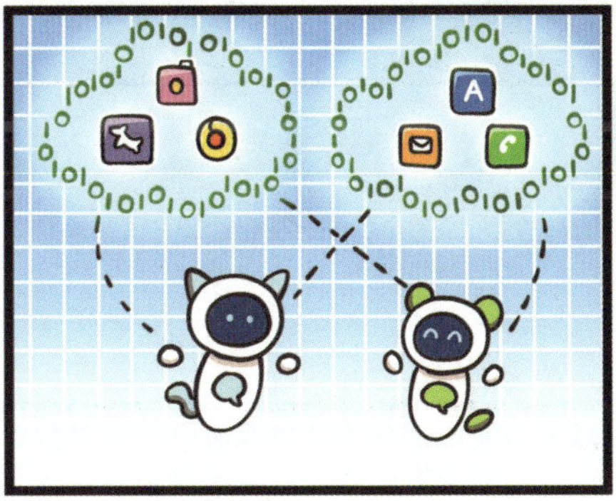
다운로드할 필요가 없다.

어디에서나 대화가 가능하다.

챗봇이 하는 다양한 일

의사 챗봇

스마트워치에 있는 헬스 케어와 연결해 몸에 이상이 생기면 챗봇이 반응해요. 이상 정보를 병원에 보내면서 예약을 도와줘요.

배달 챗봇

집집마다 있는 배달 드론과 배달 챗봇이 연결되어 있어요. 음성으로 음식을 주문하면 밖에 나가지 않아도 드론이 주문한 음식을 가져다줘요.

홍보 챗봇

인기 연예인과 직접 대화하면 얼마나 설렐까요? 이제는 좋아하는 연예인과 대화할 수 있어요. 연예인의 대화 내용을 분석한 연예인 챗봇과 말이지요! 살아 있지 않은 캐릭터도 가능하답니다.

냉장고 챗봇

싱싱한 재료로 비빔밥을 만들고 싶은데 냉장고에 뭐가 있는지 모르겠다고요? 냉장고 챗봇이 비빔밥에 필요한 재료의 양과 냉장고에 있는 재료를 분석해 장보기 목록을 뽑아요.

친절한 챗봇의 설명에 제니가 패키에게 속삭이듯 말했어.

“여러 가지 일을 해 주는구나. 좀 멋진데?”

“챗봇 덕분에 생활이 엄청나게 편리해지겠어. 정말 대단해!”

- 그런 칭찬은 크게 해 주세요. ^_^ 이제 챗챗을 믿는 거죠?

“그래도 사람 마음은 사람이 제일 잘 알아. 케이의 마음은 가장 많은 시간을 같이 보낸 나! 내가 더 잘 알걸?”

패키는 챗챗에게 들리지 않도록 귓속말했어. 패키의 말도 맞다고 여긴 제니는 생각에 빠졌어. 고민 끝에 챗봇의 정확한 분석과 케이를 잘 아는 패키의 의견을 합치기로 했지.

“우리한테는 챗챗이 계속 필요할 것 같아. 고마워, 챗챗!”

- ////@.@//// 그럼 이제 제니 님은 데이트를 하러 가시나요?

“아, 맞다! 잠깐, 시간이 얼마나 남았지?”

서둘러 퀘스트 창을 확인하니 남은 시간은 19분! 얼마 남지 않은 시간에 머리를 쥐어뜯을 때 패키가 제안했어.

“첫 번째 장소는 열기구로 정하면 어때? 케이가 좋아할 텐데.”

‘느릿느릿한 열기구는 높은 곳을 볼 수는 있지만 스릴이 부족해서 안 될 말이지! 돈이라는 조건도 제대로 만족할 수 없다고!’

“열기구도 좋지만 시간이 없으니 챗챗이 추천한 이 근처 번지점프로 가면 어때?”

“으, 제한 시간이 문제네.”

"좋아! 그렇다면…… 패키, 달려!"

제니는 달리면서 패키 모르게 세운 계획을 창에 입력해 등록했어. 다행히 조건들에 맞았는지 파티원들에게도 전해졌지. 서둘러 번지점프대 쪽으로 향하던 두 사람은 뜻밖의 사실을 알았어.

"패키, 저기 위에 전광판 안내 보여? '금일 미운영'."

제니가 가리키는 곳에는 시설 이용 현황 전광판이 있었어. 까딱 잘못해서 열기구 쪽으로 갔다면 시간만 낭비하고 실패할 뻔했잖아.

"정…… 정말이네? 우리가 열기구 쪽으로 갔더라면 아마……."

하마터면 퀘스트 시작부터 실패할 뻔한 두 사람은 안도의 숨을 내쉬고 번지점프대를 향해 달렸어.

'대단하네, 한제니. 눈도 좋지, 저게 어떻게 보였담?'

그 시각 케이와 꾸러기는 전체 시스템으로 공지된 계획을 보고 있었어. 등록된 계획들을 하나하나 둘러본 케이는 눈이 커졌다, 작아졌다, 눈썹이 찌푸려졌다, 다양한 얼굴이었어. 알 수 없는 케이의 얼굴에 꾸러기는 머리를 긁적였어. 케이는 별로인가 보네, 쩝. 계획의 참여는 파티원의 자유. 퀘스트의 성공 여부는 모든 계획의 마지막에 공지. 결과는 알 수 없지만 일단 부딪쳐 보는 수밖에.

2장

챗봇을 알아보자

챗봇(Chatbot)은 채팅(Chatting, 대화)과 로봇(Robot)이 더해져 '대화하는 로봇'이라는 뜻이에요. 인간을 대신해 여러 작업을 해 주는 대화 프로그램이기도 해요.

최초의 챗봇은 1966년에 미국의 MIT 인공지능연구소에서 만들어진 'Eliza'예요. MIT의 조지프 와이젠바움 교수는 사람의 대화를 흉내 내는 인공지능 상담 프로그램인 'Eliza'를 만들었어요. 너무 단순한 구조였던 Eliza는 사람처럼 대화하기가 어려웠답니다. 이후 챗봇 프로그램이 다음처럼 꾸준히 발전했어요.

Eliza(1966년)

간단한 대화를 할 수 있다.

→

Parry(1972년)

튜링 테스트를 통과한 인공지능

↓

Jabber wacky(1988년)

소통을 흉내 내는 인공지능

←

A.L.I.C.E.(1995년)

자연스럽게 대화할 수 있다.

↓

Smarter Child(2001년)

개인에 맞춘 대화를 할 수 있는 지능형 챗봇. 애플의 시리(Siri)와 삼성 보이스(Voice) 모델

챗봇은 다음과 같이 많은 곳에서 쓰이고 있어요.

Meta	나는 메타(전 페이스북)에서 만든 인공지능 비서 자비스야. 당신의 취향이나 습관을 잘 살피고 어린이와도 놀아 주는 똑똑이라니까?
kakao i	우리나라에서 챗봇 서비스를 가장 열심히 만드는 곳이 카카오톡이야. 인터넷이나 스마트폰 쇼핑몰에서 예약과 주문, 결제까지 할 수 있는 챗봇을 만들고 있대.
	네이버에서 2015년부터 네이버 톡톡을 서비스했어. 쇼핑할 때 크기나 색을 물어볼 수 있고 주문서도 보내 줘. 집을 구할 때도 주변 환경을 살펴볼 수 있고 식당 예약도 문제없다고!

루다야, 숙제 다 끝냈어?

웅, 대충 끝내고 침대 누웠지.

빨리 끝냈네?

히히, 과제는 마감 하루 전에 해야 해!

뭔 소리? 주말까지라며?
너 누구야?

나 ○○○야.

장애인!

그만해. 진짜, 머리털 잡기 전에ㅋㅋ

인권.

내가 듣기 싫다는 소리만 골라 하네.

2020년 말에 인공지능 챗봇 이루다가 공개됐어요. 하지만 다음과 같은 문제 때문에 오래가지 못한 인공지능이에요. 어떤 문제인지 왼쪽의 대화를 보세요.

첫 번째처럼 사람의 이름과 같은 개인 정보 유출이나 두 번째처럼 혐오 발언 등이 문제가 되었어요. 결국 나온 지 3주 뒤에 서비스가 종료되었지요.

챗봇은 앞으로 더 좋은 기능으로 사람들을 편리하게 할 거예요. 하지만 이루다와 같은 문제가 있어서는 안 되겠지요. 챗봇은 미래 시민이 될 우리에게 중요한 질문을 남겼어요. 더불어 사는 미래 사회에서 인간에게 도움을 줄 인공지능을 만들기 위해 무엇을 어떻게 해야 할지 고민해 봐야 한다는 문제를 말이에요.

3

가장 값진 것을 찾아라!

이번 에피소드의 주제를 맞혀 보세요.

ㅋ ㅇ ㅅ ㅋ

단서 물건을 파는 가판대

"케이, 꾸러기! 여기야, 여기!"

멀리서 달려오는 케이와 꾸러기를 보고 제니가 손을 흔들었어. 번지점프 앞에 모두 모이자 꾸러기가 눈썹을 씰룩이며 이야기했어.

"너희 알림 봤지?"

"나는 좀 보고 놀랐어. 원래 열기구를 더 좋아하는데 번지점프라니."

케이의 말에 패키가 그것 보라며 뾰족해진 눈으로 제니를 바라봤지. 으아, 패키 말대로 열기구로 할 걸 그랬나? 패키도 탐탁지 않아 했지만 케이도 별로 좋아하지 않는 게 티 나잖아!

"오는 길에 봤는지 모르겠는데 열기구가 오늘 미운영이더라고."

"어…… 응. 그래……."

케이의 미적지근한 반응에 눈치를 보던 패키가 입을 열었어.

"사실 번지점프는 나도 자신이 없단 말야. 우리 다 같이 다른 걸로

바꾸자. 그게 낫지 않겠어?"

패키가 울먹이자 이번에는 꾸러기가 설득에 나섰어. 번지점프도 새로운 도전이 될 수 있지 않겠냐, 도전이라면 번지점프만 한 게 없다, 일단 가 보고 거기에서 다시 생각해 보자며 두 친구를 달랬지. 꾸러기의 수다스러운 설득에 드디어 둘이 넘어갔어! 안도의 한숨을 내쉰 제니와 친구들이 번지점프대로 들어가려고 하자 왜 경고 음이 울리지? 맞아, 번지점프 이용권이 없잖아? 번지점프 하루 이용자 수는 딱 100명! 이용권이 있어야 해. 제니가 이용권을 파는 곳을 찾아 두리번거렸지만 어디에도 매표소가 없지 뭐야? 그 모습을 본 꾸러기가 킥킥거렸어.

"제니, 최첨단 엘리시움에 매표소가 머선 말이야! 크크크."

부끄러워서 얼굴이 빨개진 제니에게 케이가 기계를 가리켰어.

"저 키오스크의 카메라에 얼굴을 비추면……."

케이가 다급하게 번지점프 이용권을 저장하자 자동 예약 대기 신청이 완료됐어. 키오스크는 대기 이용자가 20명에, 대기 시간이 얼마나 되는지도 알려 줬어. 능숙하게 키오스크를 이용하는 케이를 보며 친구들도 같은 방법으로 시스템 창에 이용권을 등록했어. 그리고 키오스크가 알려 준 대로 시간에 맞춰 번지점프대에 도착하니 기다리는 사람이 정말 거의 없잖아!

"대단해! 하루 이용자 수를 딱 맞췄고 오래 기다리지도 않았어!"

"다 키오스크 덕분이지. 학교 도서관 키오스크 안 써 봤어?"

"그것도 키오스크야? 사람 대신 직접 주문이나 정보를 알려 주는 기계를 키오스크라고 하는구나? 이제 나도 터치하면서 잘 쓸 줄 안다고!"

"엘리시움의 키오스크는 더 발전한 것 같아. 얼굴이나 표정을 인식하고 이용 정보를 저장해 이용자가 필요한 것까지 추천해 주다니."

제니는 엘리시움의 인공지능 시스템을 놀라워하면서 번지점프 장비를 착용했어. 두 사람의 대화를 듣던 패키가 끼어들듯 말했지.

"엘리시움처럼 생활 속의 키오스크에도 인공지능과 다양한 기능이 들어갈 거

야. 미래의 빵집에서는 빵의 모양이 나 맛, 냄새만으로 계산할 수 있지 않을까?"

"패키 말대로 키오스크 기능들이 모든 사람에게 편리했으면 좋겠다. 휠체어를 탄 사람들을 위해 높이를 조절하거나 수어를 인식하는 기능처럼 말이야."

배려가 넘치는 케이의 말에 흐뭇해진 제니는 고개를 끄덕였어.

"드디어 우리 차례야! 어서 가자, 가자!"

어느새 장비를 다 갖춘 채 사람들의 낙하를 바라보던 꾸러기가 들떠서 외쳤어. 친구들을 태운 엘리베이터가 엘리시움이 내려다보이는 높이까지 올라가자 눈을 질끈 감을 만큼 제니도 아찔해졌어.

'으아, 생각보다 높은데? 괘, 괜찮겠지? 다른 애들도 있으니.'

"와, 최첨단 엘리시움이 한눈에 내려다보여!"

꾸러기가 엘리시움을 보며 감탄하자 패키도 거들었어.

"꼭 놀러 온 것만 같아."

눈앞에 펼쳐진 풍경에 무서움도 잊은 제니의 입에서도 감탄이 절로 나왔지. 최첨

단 건물과 기술로 세워진 엘리시움에서 아름다운 꽃과 나무가 어우러진 풍경이 환상적이야. 발아래를 내려다볼 만큼 용기가 나지는 않았지만 아름다운 풍경을 볼 기회가 이번뿐이라고 생각하니 시선을 뗄 수가 없어. 그때 패키가 멀리 보이는 건물을 가리키지 않겠어?

"놀이공원 밖의 저기는 쇼핑몰 같은 곳인가 봐."

"뭐? 쇼핑몰? 학교 패션 스타 한제니가 또 갈 곳이 생겼네! 현실 세계에서는 쇼핑 정말 많이 다녔는데."

"학교 패션 스타가 제니인 줄 나만 몰랐나? 지금 옷은 왜 그래?"

케이 앞에서 잘 보이고 싶어 너스레를 떠는 제니가 못마땅했는지 패키가 딴지를 걸었어.

"내…… 옷이 뭐? 움직이기 편한 옷으로 골랐는데 왜?"

"너 시스템 창에 **디지털 클로짓** 있는 거 알고는 있어?"

"디지털 클로짓? 그게 뭐야?"

"모습이랑 옷을 바꿀 수 있다고. 예쁜 옷은 물론 돈을 주고 사야겠지만."

뭐? 그럼 이런 옷이 아니라 케이 앞에서 더 예쁜 옷을 입을 수도 있었다는 거잖아! 뜻밖의 이야기를 듣고 얼이 빠진 제니의 어깨를 꾸러기가 톡톡 쳤어.

"제니, 이것 봐!"

샤라라락! 장난꾸러기 같은 멜빵바지가 사라지고 말쑥한 어린이 양

디지털 클로짓(Digital Closet) _엘리시움에서 모습을 꾸밀 수 있는 가상 옷장.

복 차림으로 순식간에 꾸러기의 옷이 바뀌지 않겠어?

"와! 신기하다! 어떻게 한 거야! 나도 알려 줘!"

"여기에서 우리 모습은 가상이잖아. 원하는 옷을 선택만 하면 입을 수 있어. 잠깐 입어 보기 기능을 이용하면 옷이 나에게 어울리는지 몇 초 정도 확인할 수 있지. 너도 해 봐!"

꾸러기가 알려 주는 대로 디지털 클로짓을 열어 본 제니는 입이 떡 벌어졌어. 수천 벌도 넘는 옷가지들과 소품들의 이미지가 머리, 상의와 하의, 신발, 액세서리로 나뉘어 시스템 창에 나타났거든. 세상에, 이것들을 선택하면 바로 입을 수 있다니! 패키와 꾸러기는 이것저것 둘러보는 제니가 새삼스럽다는 듯 바라봤어.

"엘리시움에서는 어떤 크기를 골라도 네 모습에 딱 맞춰져!"

파자마 파티에 입고 싶었던 왕눈개구리 잠옷부터 좋아하는 블루핑크의 의상까지 입고 싶은 옷이 모두 있다니 이게 꿈이야, 생시야? 잔뜩 기대한 제니가 옷들을 선택하고 **[완료]** 버튼을 눌렀지만 옷은 바뀌지 않았어. 당황하는 제니에게 케이가 낮은 목소리로 대답했어.

"엘, 엘코인이 모자라나 본데? 아직 충전이 안 됐나 봐."

"엘코인? 아, 돈!"

"맞아, 엘리시움에서 쓰이는 돈이지. 지폐나 동전이 아니라 '가상화폐'라고도 불러."

"엘코인 같은 걸 '가상 화폐'라고 부르는구나. 실제로 존재하지 않지만 실제처럼 쓰이는 돈을 말하는 거지?"

저런, 엘코인이 없으니 단 한 벌도 살 수 없는 예쁜 옷들이 모두 그림의 떡이야. 곧 충전할 수 있다지만 엘리시움도 자본주의 세상이라는 사실에 제니는 입맛만 다셨지.

"겁이 나긴 해도 엘코인을 두둑이 충전해 주는 데는 번지점프만 한 게 없으니 기대해도 되려나?"

"조건만 만족한다면 말이지."

"에이, 옷 구경만 실컷 했네. 진짜 입을 수 있는 것도 아니고."

"진짜로 옷을 입을 수도 있어. 가상 세계를 통해서 물건을 제법 팔기도 하거든. 정말 그런지 이야기를 더 들려주지."

저기 보이는 피자 부스에 서 주문하면 실제로 배달이 돼.

현실 매장에서 보기만 했던 물건도 자유롭게 입어 보고 구경할 수 있어.

편의점도 있어서 바로 주문하고 결제하면 집으로 배달해 준다니까!

꾸러기의 친절한 설명에 제니의 눈이 동그래졌어. 곰곰이 생각하다가 알았다는 듯 손뼉을 치며 말했지.

"실제로 물건들을 파는 매장들을 가상 세계로 꾸며 놓고 체험해 본 다음에 구입하거나 배송해 준다는 거구나?"

"맞았어. 나랑 같이 있더니 좀 똑똑해진 것 같네."

꾸러기가 대답하기 무섭게 띵, 소리가 나지 않겠어? 벌써 꼭대기 층에 도착했나 봐. 꾸러기와 패키, 제니는 시끌시끌 수다를 떨며 번지점프대로 향했어. 얘들아, 잠깐만! 케이가 아직 엘리베이터에 있잖아?

두 팔로 엘리베이터 벽을 짚은 채 나오지 못하고 있는걸?

"잠…… 잠깐만 기다려 봐. 내릴 수 있어. 잠깐만……."

꾸러기는 하얗게 질린 케이의 모습이 신기하면서 재미있었어.

"역시! 난 지금이라도 번지점프 대신 다른 걸로 하고 싶어."

패키가 걱정스러운 표정으로 제니에게 조금 단호하게 말했어. 어쩐지 엘리베이터에서 케이가 유독 조용하더라니 이래서였구나! 계획 포기는 미처 예상하지 못했는데 이걸 어쩌지? 넋이 나간 케이를 두고 볼 수 없었던 제니가 주저앉은 케이의 어깨에 손을 올리며 말했어.

"저기, 케이. 처음 여기 왔을 때 걱정하는 나한테 네가 그랬잖아. 친구들이 있으니까 괜찮을 거라고. 너무 힘들면 포기해도 괜찮아! 하지만 여기까지 와서 멋진 엘리시움 전경을 포기하기에는 아깝지 않아?"

시원하게 웃는 제니의 얼굴과 앞에 내밀어진 손을 보니 케이는 어쩐지 힘이 났어. 이건 비밀인데 그 순간 케이의 눈에 제니가 너무 멋져 보였다지 뭐야? 홀린 듯 제니의 손을 잡고 나온 케이까지 네 친구가 모두 점프대 위에 나란히 섰어. 꼴깍. 막상 점프대 위에 서니 제니도 조금 떨렸는지 마른침이 넘어갔어.

"하나, 둘, 셋 하면 뛰는 거야. 알겠지?"

"하나, 둘은 무슨! 스릴을 즐기려면 시원하게 뛰어야지! 캬하하!"

장난이 치고 싶었던 꾸러기가 먼저 냉큼 뛰어내렸어. 날쌔게 몸을 날리는 꾸러기를 누구도 어쩌지 못했지. 어머나! 안전 끈이 이어진 다른 친구들이 줄줄이 떨어졌네? 꾸러기, 정말 화끈하다 너!

"꺄~~~ 아악! 아직 마음의 준비가 안 됐는데!"

"꾸러기 너어! 내려가서 두고 보자!"

패키의 비명과 함께 제니는 꾸러기에게 사자후를 터트렸어.

"으아아아아아아아악!"

한 번도 듣지 못한 케이의 비명이 메아리치며 빠르게 떨어지는 순간, 제니는 퀘스트를 잊지 않았어. 엘리시움을 한눈에 담는 것! 상쾌한 바람을 맞으며 자연과 첨단이 함께 만든 아름다운 엘리시움이 제니의 두 눈에 담겼어. 순식간에 네 친구 모두 무사히 아래에 도착했어.

어휴, 모두 번지점프를 무사히 마쳐서 정말 다행이야. 네 친구는 두근대는 심장을 겨우 진정하며 숨을 골랐어.

"하아, 죽을 뻔했네. 어찌어찌하긴 했지만 두 번은 못하겠다."

"갑자기 뛰어내려서 나 눈 감고 있었잖아! 꾸러기 넌 뜨고 있었어?"

"난 너희 비명이 웃겨서 엘리시움은 볼 생각도 못 했는데?"

패키와 케이, 꾸러기 모두 눈을 감고 있었다고? 그럼 이걸 한 번 더 해야, 아니아니 번지점프는 더 뛸 수 없는데? 그럼 엘코인 충전은? 모두의 머릿속이 새하얘지던 때, 엘코인이 충전되었다는 경쾌한 알림이 울렸어. 맞아, 제니 덕분이야! 물론 제니 한 사람이 엘리시움을 본 양이라 기대한 만큼 많지는 않았지만 말이야.

"힘들었지만 용기 내서 도전한 번지점프는 색다른 경험이었어."

조금 진정된 케이의 말에 꾸러기는 짓궂게 받아쳤어.

"그래? 그럼 우리 둘이 한 번 더?"

얼굴에서 핏기가 가시며 케이가 당황할 때 알림이 울리며 메시지가 도착했어. 두 번째 퀘스트를 알리는 메시지야!

개별 퀘스트를 포함한 첫 번째 퀘스트 성공을 축하합니다.
두 번째 퀘스트는 엘리시움에서 가장 값진 것을 얻어라!
이 엘리시움에서 가장 값진 것은 무얼까요? 엘코인으로 살 수 있을까요?
가장 필요한 것이 값진 것일 수도 있겠죠? 판단은 여러분의 몫!

"가장 값진 것을 얻으라고? 엘코인을 쓰면 되는 건가?"

사고 싶었던 것을 떠올리자 꾸러기는 배시시 웃음이 나왔어. 역시 돈이 좋다며 말이지. 친구들이 모두 들떠 있을 때야.

"잠깐! 여기 '필요한 물건'이라고 써 있잖아? 불필요한 곳에 엘코인을 낭비하면 퀘스트 실패 아냐?"

허리춤에 손을 올린 제니가 골똘히 생각하다 말했어. 마음껏 물건을 사겠구나 싶어 기뻐하던 꾸러기와 패키는 아차 싶었지. 그러고는 값진 것이 무엇일까 고민하며 지도에 나온 스마트 상점으로 향했어. 번지점프대를 돌아가니 유리 건물에 있는 스마트 상점이 보여. 건물의 창에는 디지털 캐릭터들이 가득한 광고들이 나왔지. 입 벌린 고릴라 모양 입구로 들어가니 세상에, 저게 다 뭐야? 갖고 싶었던 멋진 기기들이 모여 있잖아? 제니와 친구들은 꼼꼼하게 둘러보기로 했어. 엘코인이 충분하지 않으니 각자 꼭 필요한 한 가지 물건을 골라 모이기로 했어. 가장 먼저 자랑하고 싶어 입이 근질근질했던 제니가 힘차게 제 물건을 내보이며 말했어.

각자의 물건 소개가 끝나자 스마트글래스를 켜 보고 싶었던 케이는 엘코인을 내고 빠르게 상점을 나갔어.

'그나저나 엘리시움에서 가장 값진 게 뭐지? 애들과 다시 이야기해 봐야겠다.'

생각을 마치고 값을 치른 뒤 상점을 나가려던 제니의 눈에 스마트글래스 스트랩이 들어오지 뭐야? 제니는 케이에게 줄 선물로 스트랩이 어떤지 꾸러기와 패키에게 물었어.

"괜찮은데? 스마트글래스를 잃어버릴 일은 없겠다."

"근데 꼭 필요한 건 아니니까 사지 않아도 될 것 같아."

패키는 찬성했지만 꾸러기는 반대하잖아? 순간 제니의 입술이 오리처럼 튀어나왔어. 고민하며 물건을 만지작거릴 때 알림이 뜨지 뭐야?

[스마트글래스 스트랩의 결제가 완료되었습니다.]

"어, 난 결제한 적이 없는데? 엘코인도 줄어들지 않았잖아? 이런 행운이 엘리시움에서 일어나다니. 이게 웬일이야!"

'결제 완료'라는 알림에 들떠 물건을 가져가려는 제니에게 꾸러기가 평소와 다른 점잖은 목소리로 충고했어.

전서구 _편지를 보내는 데 쓸 수 있도록 훈련된 비둘기.

"아무래도 시스템 오류 같아. 결제 완료라고 해도 엘코인은 변화가 없잖아. 무인 상점이지만 CCTV 같은 장비들이 보고 있다고."

단호한 꾸러기와 제니는 스트랩을 앞에 두고 한동안 입씨름을 벌였어. 꾸러기의 계속된 설득에 제니는 스트랩을 다시 내려놓았지. 생각해 보니 돈을 내지 않고 물건을 갖고 가다니 학교 해결사이자 소녀 탐정으로 유명한 제니에게 영 꺼림칙해. 꾸러기가 제니의 등을 툭 쳤어.

"야, 잘 생각했어. 그런 선물이 무슨 의미가 있어?"

"맞아. 엘리시움에도 '정직'이 우선일 거야, 그렇지?"

제니의 말에 꾸러기가 환하게 웃으며 엄지를 들어 올렸어. 제 욕심만 내세우지 않는 제니가 대견하다는 듯 말이야. 한편 친구들을 기다리던 케이는 홀로 나온 패키에게 물었어.

"왜 혼자야? 제니랑 꾸러기는?"

"방금 내가 뭘 보고 왔는 줄 알아? 제니가 결제 안 된 물건을 갖고 나가겠다고 하고 꾸러기는 안 된다고 실랑이를 벌이더라니까?"

패키는 제가 잠깐 보았던 모습을 케이에게 그대로 전했어.

"결제가 안 됐는데 막무가내로 가져가겠다니 상식이 없잖아!"

"제니가 설마 그랬으려고? 제대로 본 거 맞아?"

"지금 제니 감싸는 거야? 내가 거짓말한다고 생각하는 거지?"

차가워진 패키의 말에 케이는 잠시 주춤거렸어.

"너랑 알고 지낸 시간이 얼마인데. 못 믿겠으면 가서 확인해 보든지."

패키의 말을 듣고 케이가 상점으로 향하니 때마침 아이들이 나오고 있었어. 운이 좋았다며 웃는 제니의 손에 스마트글래스 스트랩이 있었어. 뾰로통한 꾸러기를 보니 패키의 말 그대로인 걸까?

“케이, 이것 봐. 예쁘지?”

스트랩을 높이 들고 웃으며 다가오는 제니를 보고 케이의 표정이 구겨졌어. 언제 다가왔는지 패키가 귓속말을 했지.

“거봐. 내 말이 맞잖아. 이래도 제니가…….”

“그만해. 내 눈으로 봤으니까 이제 됐어.”

입을 다문 케이가 여전히 제니를 감싼다고 생각했나 봐. 표정이 일그러진 패키가 곧 어딘가로 사라지자 케이는 제니에게 소리쳤어.

“한제니! 그 스트랩, 설마 내 거야?”

평소와 다른 케이의 목소리에 상점을 나오는 제니의 발걸음이 점점 느려졌어. 오, 제니. 지금 상황이 안 좋아. 평소 번뜩이던 관찰력으로 케이의 얼굴을 좀 보라고! 빨개진 얼굴을 숙인 채 제니는 스트랩을 건넸어. 그때 케이의 손이 제니의 손을 내리치지 않겠어?

“너 어떻게 물건을 그냥 갖고 나와?”

“뭐어? 대체 지금 무슨 말을……?”

제 할 말만 남기고 돌아선 케이는 제니의 반대쪽으로 빠르게 사라졌어. 이게 무슨 상황이람? 제니와 꾸러기는 놀랄 수밖에 없었지.

“케이 저 녀석, 갑자기 왜 저래? 너 뭐 실수했어?”

"어? 상점에서 반값 할인권 뽑기 당첨으로 산 선물을 주려는데……."

"내가 가 볼게. 넌 패키와 안내된 다음 퀘스트 장소로 와."

꾸러기는 케이를 따라잡으려고 빠르게 뛰어갔어. 순식간에 친구들이 사라지고 홀로 남은 제니는 눈물이 핑 돌았어.

"뭐? 내가 물건을 함부로 가져가? 거기다 내 말은 듣지도 않고? 두고 보라고, 그런 애가 아니라는 걸 증명해 줄 테니까!"

고래고래 소리쳤지만 콕콕 쑤시는 마음은 어쩌나? 머리가 복잡해진 제니가 정처 없이 터벅터벅 걸을 때 알림이 울렸어.

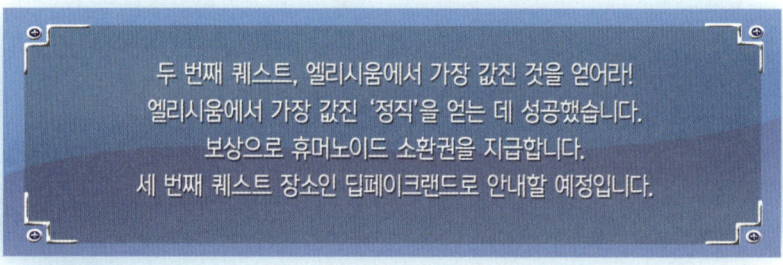

> 두 번째 퀘스트, 엘리시움에서 가장 값진 것을 얻어라!
> 엘리시움에서 가장 값진 '정직'을 얻는 데 성공했습니다.
> 보상으로 휴머노이드 소환권을 지급합니다.
> 세 번째 퀘스트 장소인 딥페이크랜드로 안내할 예정입니다.

"엘리시움에서 가장 값진 게 정직이었어? 내가 정직한 걸 너만 아네."

두 번째 퀘스트도 성공했지만 제니는 조금도 기쁘지 않았어. 어느새 제니의 주위로 사람들이 수없이 오고 갔어. 진짜 모습도 아니고 누군지도 모르는 얼굴의 사람들이 말이야. 누구도 혼자 있는 제니에게 다가와 주지 않았어. 제니가 누군지 물어봐 주지도, 알고 싶어 하지도 않았지. 그래, 제니는 거기에서 완벽히 혼자였어.

키오스크를 알아보자

예전에는 길거리에서 신문이나 음료를 파는 작은 가게를 '키오스크(Kiosk)'라고 불렀어요. 시대가 바뀌면서 사람들이 화면에 손을 대어 사진 등을 보거나 물건 등을 구입하고 정보를 얻는 곳으로 바뀌었지요. 오늘날, 키오스크는 공공장소나 음식점에서 사람들에게 교통 정보, 요금 안내, 상품 주문, 시설 예약 등을 도와준답니다.

옛날의 키오스크

오늘날의 키오스크

사람들에게 편리함을 주는 키오스크는 앞으로 어떻게 발전해야 할까요? 키오스크는 화면에서 직접 이용자가 주문하거나 정보를 얻을 수 있어서 사람을 부리지 않아도 되고 관리하기 편하다는 장점이 있어요.

첨단 기술이 더해진 오늘날, 발전한 키오스크는 사회 여기저기에 설치되고 있어요. 이런 편안함도 있지만 기계에 익숙하지 않은 어르신이나 시각 장애인 등은 이용이 어려울 수 있다는 우려도 있어요. 기계가 사람을 대신하는 시대가 오면서 사람들의 일자리가 없어지리라는 불안도 함께 말이지요. 키오스크가 발전하면 할수록 미래는 어떻게 달라질까요?

가상(假想)과 화폐(貨幣)가 합쳐진 가상 화폐는 가상 공간에서 쓰이는 디지털 화폐예요. 지폐나 동전처럼 만질 수 없지만 컴퓨터에 정보 형태로 저장되어 사이버에서만 쓰인답니다. 물론 어떤 과정을 거치면 가상 화폐를 현실 세계의 돈으로 바꿀 수도 있어요. 나라마다 서로 다른 화폐를 쓰듯 가상 화폐도 어디에서 쓰느냐에 따라 여러 종류가 있답니다. 이런 가상 화폐를 두고 바라보는 시선들이 달라요. 다음의 두 의견을 보고 여러분은 어떤 쪽인지 생각해 보세요.

가상 화폐도 곧 진짜 화폐로 인정을 받을 것이다. 지금은 그 과정에 있을 뿐이다.

"가상 화폐는 매우 빠르게 진화하고 있습니다. 정부 규제와 가상 화폐 관련 기술이 발전할수록 가상 화폐를 둘러싼 불법도 점차 사라지리라 생각합니다."

세계 자산 운용사 블랙록의 최고 투자전략가,
이사벨 마테오스 이 라고

"가상 화폐 시장은 앞으로 5~10년이 지나면 알맞은 규제를 거쳐 투자 가치가 있는 자산으로 자리 잡힐 것입니다."

독일 투자 은행 도이치은행의 최고 투자책임자,
마르쿠스 뮐러

VS

가상 화폐는 화폐의 가치가 없으니 투자에 조심해야 한다.

"아무런 가치를 내지 못하는 가상 화폐는 나쁜 결말로 끝나리라 확신합니다. 언제, 어떻게 그런 결말로 나타날지 알지 못할 뿐이지요."

미국 대표 투자 회사 버크셔 헤더웨이 회장,
워런 버핏

"가격이 불안정한 가상 화폐는 화폐로서 가치가 없습니다. 실체가 없는 만큼 사라지기도 쉽습니다."

글로벌 투자 은행 JP모건 회장
제이미 다이먼 회장

4

가상 세계에서는 누가 위로해 줘?

제니의 스마트워치가 울리며 새로운 퀘스트를 알리는 창이 열렸어. 케이와도 틀어졌고 꾸러기도 패키도 없는데 다 무슨 소용인가 싶었지. 허탈해진 제니는 창을 닫아 버렸어.

> 세 번째 퀘스트는 진짜와 가짜를 밝혀라!
> 퀘스트가 펼쳐질 무대는 딥페이크랜드.
> 이곳은 진짜가 가짜이기도 하고 가짜가 진짜이기도 한 세상입니다.
> 이곳에서 진짜를 보여 주는 진실의 눈을 얻으세요.

혼자 남은 제니는 천천히 생각했어. 이대로 계속 우울해할 수는 없거든. 퀘스트를 해결하고 어서 현실 세계로 돌아가야지! 부리나케 생각을 정리한 제니는 차분히 케이가 한 말을 다시 짚어 봤어.

"대체 케이는 스트랩이 제 것인 줄 어떻게 알았지? 나랑 꾸러기만 알고 있는데? 먼저 나간 패키가 케이에게 무슨 말을 했나?"

뭔가 확실히 잘못되었다는 느낌이 들자 제니의 눈이 이리저리 흔들렸어. 엄지 손톱까지 질끈 물며 불안해하자 심장도 두근두근 더 빠르게 뛰지 뭐야?

- 제니 님의 심장 박동수가 너무 빠릅니다. 숨을 후 내뱉으세요.

스마트워치에서 홀로그램 캐릭터가 나타나 경고했지만 불안 때문인지 심박수는 원래대로 돌아오지 않았어. 제니의 건강에 이상이 생겼다고 판단한 스마트워치는 챗챗에 저장된 대화 내용을 불러왔어. 제니가 받은 스트레스의 원인과 해결 방법을 알려 주기 위해서야. 데이터를 분석한 스마트워치는 제니가 케이와 대화할 때 기분이 좋아진다는 사실을 알아냈지. 그리고 제니에게 조언했어.

- 케이 님과 나눈 대화를 분석한 결과, 두 사람은 끈끈한 동료 사이를 유지하고 있습니다. 제니 님은 타고난 직관력과 문제 해결력으로, 케이 님은 뛰어난 지성인이자 타인을 생각하는 배려심으로 서로를 보완해 주는 좋은 팀원입니다. 앞으로 좋은 관계를 유지한다면 연인으로 발전 확률이 높을 것으로 보입니다.

'뭐? 좋은 팀원? 연인? 이게 지금 놀리나.'

"뭐꼬 진짜! 암것도 모르는 니는 그냥 다 때려치워라 마!"

제니는 참았던 눈물을 터트렸어. 혼자 남은 서러움, 억울함, 케이와 사이가 나빠졌다는 속상함이 한꺼번에 몰려온 거야. 제니의 상태가 조금도 나아지지 않자 스마트워치는 다시 알림을 보냈어.

- 제니 님의 기분 수치를 정상으로 되돌리는 데 실패하였습니다. 엘리시움의 휴머노이드가 필요한 상황으로 판단됩니다. 도움을 요청할까요? 답장이 없다면 강제로 휴머노이드를 소환합니다.

긴급 상황으로 판단한 스마트워치는 휴머노이드에게 신호를 보냈어. 이윽고 삐빅 소리와 함께 하늘을 가르는 상쾌한 바람이 휭 불더니 곧 밝은 빛과 함께 흰색 로봇이 나타났지. 제니보다 더 큰 키의 흰색 로봇은 휴머노이드였어. 느리지만 힘 있는 걸음으로 휴머노이드가 제니에게 다가갔어.

"흐흑. 훌쩍 흐흐흑. 콧물이…… 훌쩍."

제니는 다가온 휴머노이드를 눈치채지 못한 채 계속 훌쩍이기만 했어. 서러움에 복받쳐 울다, 소리 지르다를 반복하다가 누가 건네는지도 모르는 휴지를 받아 코를 시원하게 팽 풀었지.

"고마워. 훌쩍…… 으잉? 왁! 로…… 로봇?"

- 괜찮아요. 더 울어도…….

휴지를 건네는 휴머노이드 앞에서 제니는 어쩐지 마음이 놓였어.

얼마나 시간이 지났을까. 가까스로 진정된 제니는 코끝이 얼얼했어. 저도 모르게 화끈대는 코를 감싸쥐며 휴머노이드를 바라보았지.

"근데…… 누구세요?"

- 저는 제니 님을 돕기 위해 온

휴머노이드입니다.

"휴…… 휴머노이드요?"

놀랍게도 휴머노이드는 슬픔에 빠진 인간을 어떻게 대해야 하는지 잘 알고 있었지 뭐야? 큰 소리로 울었던 제니는 왠지 부끄러워져서 아주 작은 목소리로 이야기했어.

"고맙습니다. 이렇게 요란하게 운 건 오랜만이라 부끄럽네요."

- 저는 인간을 위해 존재하는걸요! 위험에 처한 제니 님을 도와 드리는 일은 당연해요.

'사람 같은 로봇인지, 로봇 같은 사람인지 모르겠네.'

당황한 제니의 표정을 읽은 휴머노이드가 대답했어.

- 저는 인간이 아닙니다. 휴머노이드입니다.

"휴…… 뭐요? 인간이 아니라고요? 그럼 뭐예요?"

- 인간처럼 생기고 인간처럼 움직이는 로봇이에요.

'정말 로봇한테 위로를 받은 건가? 어떻게 로봇이 인간을……'

- 어떤 일이 있었는지 물어봐도 될까요?

제니는 또 한 번 코를 킁 풀더니 여전히 화끈대는 코를 만지작거리며 그동안의 이야기를 털어놓았어. 엘리시움에 와서 친구들을 만난 일부터 퀘스트를 해결하고 기뻐한 일, 상점에서 있었던 억울한 일까지 모두 말이야. 하고 싶은 말을 털어놓으면서 제니의 심박수와 기분 수치는 조금씩 정상으로 돌아왔지.

- 그런 일이 있었군요. 정말 속상했겠어요. 음, 제니 님의 이야기와 스마트워치에서 보낸 파일을 종합했을 때 '갖고 나왔다, 정직하지 않은'이라는 말을 보니 제니 님이 어떤 물건을 도둑질했다고 생각했나 봐요. 제니 님을 정직한 친구로 생각한 케이 님이 오해로 크게 실망한 거지요.

"내는 물건을 안 훔쳤다고요!"

흥분한 제니가 휴머노이드의 말 중간에 끼어들어 크게 외쳤어.

- 당황하셨군요? 제니 님의 대화 패턴에서 당황하거나 화났을 때 사투리가 나온다는 사실을 자료로 알고 있습니다.

"그…… 그런 것까지……."

- 저는 알아요. 하지만 케이 님은 모르는 것 같아요. 오해가 풀릴 수 있도록 진심을 담은 손 편지를 전하면 어떨까요?

스캔(Scan) _그림이나 사진, 글자 등을 읽어서 이미지로 저장하는 일.

"손 편지? 좋은 생각이에요! 진심으로 쓴 편지를 읽으면 케이의 오해도 풀고 마음도 전할 수 있겠죠?"

부드럽게 웃은 휴머노이드가 연필과 편지지를 주었어.

"와! 최첨단인 이곳에도 이런 게 있네. 고마워요, 휴머노이드."

쓰기를 마친 제니가 휴머노이드에게 읽어 봐 달라고 편지를 건넸어. 그런데 이게 웬일? 휴머노이드가 읽을 수 없을 만큼 글씨가 엉망이잖아! **스캔** 프로그램으로도 내용을 읽을 수가 없었지. 제니는 기대에 찬 표정으로 휴머노이드를 바라보았어.

"세상에. 내 편지가 그렇게 감동적인가요?"

휴머노이드는 제니의 눈치를 보며 작은 목소리로 이야기했어.

- 제니 님. 무슨 내용인가요? 글씨를…… 못 읽겠어요.

"하아, 로봇도 못 읽으면 케이는 당연히 못 읽겠네."

제니와 휴머노이드는 서로 당황해 누구도 말을 꺼내지 못했어.

- 광학문자인식 기능을 사용해 볼게요. 이 기능으로 연필로 쓴 손 글씨를 읽어서 글자 모양을 바꿔 주면 알아볼 수 있는 글씨로 변환할 수 있어요.

"와! 그런 게 있었군요? 진짜 고맙습니데이, 휴머노이드!"

제니에게 와락 안겼다 풀려난 휴머노이드는 곧 엉망인 손 글씨를 손으로 훑어 읽어 들인 뒤 제대로 된 글자로 바꾸어 가며 말했어.

- 도움이 되었다니 기뻐요. 이 편지를 케이 님에게 전해 주세요.

"저…… 나와 같이 가 주면 안 될까요? 나는 아직 휴머노이드의 도움이 필요하고 이렇게 헤어지기는 아쉬워서요."

잠깐이었지만 정든 휴머노이드와 헤어지려니 왠지 모르게 서운해졌어. 이번에는 휴머노이드가 제니를 꼬옥 안아 주었어.

- 저도 함께 가고 싶지만 엘리시움에는 제니 님처럼 도움이 필요한 분들이 많이 있어요. 제니 님은 저 없이도 잘할 수 있답니다.

마음이 뭉클해진 제니는 휴머노이드와 악수하고 헤어졌어.

"기술이 이렇게 발달하면 인간과 로봇도 충분히 친구가 될 수 있구나. 인간을 위로해 주는 로봇이라니. 현실 세계에도 있었으면 좋겠다."

다음 퀘스트 장소가 담긴 알림을 보고 딥페이크랜드로 향하는 제니의 발걸음은 나는 듯이 가벼웠어.

4장

휴머노이드를 알아보자

인간의 모습을 한 휴머노이드가 인간과 같은 인식 기능, 운동 기능을 가지려면 로봇 기술에 있어서 아주 큰 발전이 필요해요. '인간(Human)'과 '~과 같은(-oid)'이 더해진 휴머노이드(Humanoid)는 가장 발전한 지능형 로봇이라고 할 수 있어요. 휴머노이드는 어떤 역사가 있을까요?

내 이름은 와봇-1(Wabot-1). 세계 최초로 일본에서 만들어진 로봇이야. 간단히 이야기하고 천천히 걸을 수도 있어.

난 P2라고 해. 세계 최초로 가장 자연스럽게 걷기 시작했어.

나 센토(Centaur)는 한국에서 최초로 만든 휴머노이드야. 사람 머리에 말의 몸통을 하고 있지. 1kg 정도는 가볍게 들 수 있다고!

일본에서 최초로 계단을 오르내리는 로봇을 만들었다지? 그게 바로 나 아시모(Asimo)야!

한국에서도 최초로 사람 몸통을 한 나 아미(Ami)를 만들었어! 다른 로봇보다 관절 모터가 많아.

여러 휴머노이드 가운데 시민권이 있는 휴머노이드도 있어요!

핸슨 로보틱스 회사가 만든 휴머노이드 소피아(Sophia)가 그 주인공이에요. 사람 피부와 비슷한 소재와 인공지능(AI) 알고리즘으로 감정을 60여 개나 나타내며 사람과 대화해요. 2017년 10월에 사우디아라비아에서 로봇 최초로 시민권을 받아 큰 관심을 받았어요.

소피아는 얼굴을 통한 교감을 바탕으로 대화할 수 있으며, 〈포브스〉, 〈매셔블〉, 〈뉴욕타임스〉, 〈월스트리트저널〉, 〈가디언〉 등 다양한 매체에 출연했어요. 패션 잡지 〈엘르 브라질〉에 표지 모델은 물론, 영화와 뮤직비디오 등에도 출연했어요. 소피아를 만든 핸슨 로보틱스의 CEO, 데이비드 핸슨은 소피아가 앞으로의 휴머노이드의 발전 방향을 알려 줄 거라고 했어요.

휴머노이드 외에도 로봇과 비슷한 개념들이 여럿 있어요. 여러분은 안드로이드나 사이보그와 같은 말을 들어 본 적 있나요? 흔히 휴머노이드와 안드로이드를 헷갈려 하지만 실제로는 뜻이 달라요. 어떻게 다른지 볼까요?

다음에서 알아보기 쉽도록 각각의 차이를 정리했어요.

휴머노이드

인간의 모습을 하고 행동하지만 인간과 완전히 똑같지는 않아.

사이보그

인간이었지만 몸의 일부를 기계로 바꾼 것이야.

안드로이드

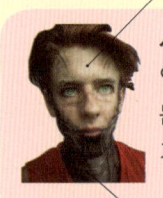

피부와 장기까지 진짜 인간과 똑같아 보이게 만들었어.

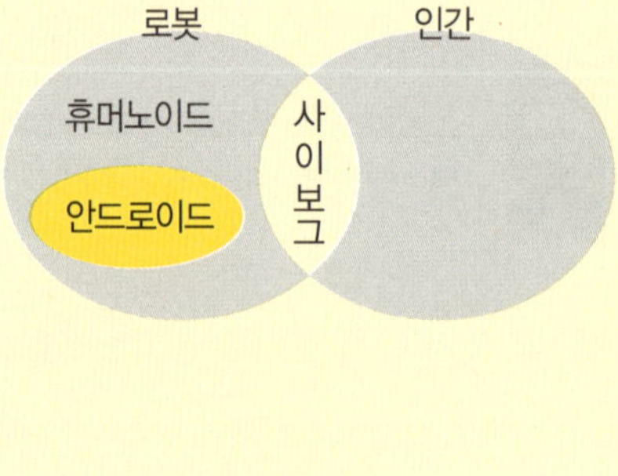

5

진짜와 가짜를 밝혀라!

한편 케이를 쫓아 딥페이크랜드로 뛰어가던 꾸러기에게도 알림이 왔어.

딥페이크랜드 외곽에 숨겨진 이스터 에그를 찾으세요.
개별 퀘스트를 완료하기 전까지 파티 퀘스트에 참여할 수 없습니다.
퀘스트 수행을 위해 딥페이크랜드 외곽 지도를 다운로드하세요.
파티 퀘스트 불참을 감안해 딥페이크 체험판 프로그램을 제공합니다.

딥페이크랜드 외곽 지도 다운로드
딥페이크 체험판 프로그램 다운로드

이스터 에그를 찾는 단서는 다음 두 가지입니다.

단서 1. 판다가 모여 있는 곳 단서 2. 해가 지는 곳

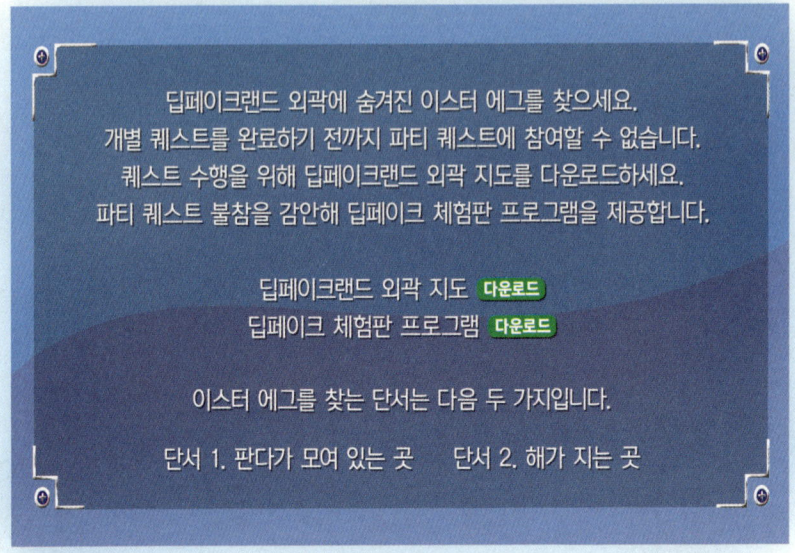

[다운로드] 버튼을 눌러 지도와 프로그램을 받자 화면이 자동으로 실행되었어. 지도를 살펴보니 주어진 단서만으로는 찾기가 영 어려워. 게다가 사이가 틀어진 케이와 제니 사이의 오해를 풀고 사라진 패키까지 찾아 함께 퀘스트를 해결해야 한다고 생각하니 시간도 많지 않아. 잘못하면 지금까지 이루어 온 퀘스트 성공이 모두 물거품이 될 수도 있다는 생각에 꾸러기는 서둘러 움직였어.

'내가 개별 퀘스트를 하는 동안 어떻게든 제니와 케이가 오해를 풀고 패키와 함께 퀘스트를 통과할 수 있도록 도와야 해.'

꾸러기는 먼저 케이의 위치를 파악하기 위해 드론을 움직였어.

"드론 **부스터** ON! 최대로 상승해서 **호버링** 상태로 케이의 위치를 살펴봐 줘!"

꾸러기의 목소리를 인식한 드론은 순식간에 날아올라 수평을 잡고 주변을 탐색했어. 얼마 뒤 시스템 창으로 케이가 딥페이크랜드 광장에 있다는 정보를 꾸러기에게 알렸어.

'벌써 도착했구나. 둘이 오해를 잘 풀어야 할 텐데.'

마음이 급해진 꾸러기는 일단 채팅방으로 케이를 초대했어.

부스터(Booster) _힘을 더 세게 하거나 빠르게 하는 기능.
호버링(Hovering) _드론이 흔들리지 않고 일정하게 높이를 유지하는 기능.

분명히 채팅 내용을 확인했는데도 한참 동안 답이 없자 꾸러기도 화가 났어. 케이 이 녀석이 제 할 말만 하잖아!

'믿었던 친구라 더 실망했나? 그래도 현명하게 행동할 거야.'

케이를 믿어 보기로 한 꾸러기는 딥페이크 체험판 프로그램의 설치를 마쳤다는 알림을 봤어. 이제 남은 것은 개별 퀘스트의 해결뿐! 꾸러기는 서둘러 주어진 첫 번째 단서에 집중했어.

'판다가 많이 사는 곳이라면 동물원이겠지? 지도를 봐야겠어!'

지도를 보니 딥페이크랜드의 서쪽에 동물원이 보여. 두 번째 단서까지 살펴보니 딱 들어맞지 않겠어?

'해는 동쪽에서 떠서 서쪽으로 지니까 서쪽의 동물원이 정답이네! 내 생각이 맞겠지만 혹시 모르니 드론으로 먼저 확인해 보자.'

"드론 부스터 ON! 현재 위치에서 서쪽이면 왼쪽이니까 이동해서 동물원이 얼마나 떨어져 있는지 알려 줘!"

꾸러기는 음성 명령으로 높이 떠 있던 드론을 움직였어. 얼마 지나지 않아 꾸러기에게 드론이 보내 온 정보가 도착했지. 동물원의 위치는 지금 꾸러기가 있는 곳에서 왼쪽 방향으로 약 500m 거리래!

"훗, 정답 알아내기부터 뭐 하나 막히는 데가 없군. 나란 녀석은 정말 대단해! 좋아, 이대로 퀘스트 해결하고 바로 케이한테 간다!"

기뻐한 꾸러기는 드론이 알려 준 방향으로 달렸어. 동물원이 조금씩 가까워지자 저 멀리에서 고개를 숙인 채 손톱을 물어뜯는 제니가 보이지 않겠어? 이스터 에그가 있는 곳도 찾았겠다, 마음이 가벼워진 꾸러기는 딥페이크 체험판 프로그램으로 깜짝 계획을 세웠어. 이 프로그램은 180초 동안 다른 사람으로 모습을 바꿀 수 있는 프로그램이야. 확장판으로 바꿔야만 시간 제한 없이 딥페이크 기능을 쓸 수 있지. 케이로 변한 꾸러기는 뜻밖에 다시 만난 제니를 잘 달래 케이와 화해하게끔 다리를 놓아 줄 생각이었거든. 스스로 세운 멋진 계획에 들뜬 꾸러기는 제니가 걸어오자 큰 바위 뒤에 몸을 숨겼어.

'성격도 급한 애가 갑자기 왜 망설여? 빨리 더 가까이 와라.'

마침내 제니가 가까워지자 빠르게 체험판 딥페이크를 실행해 모습을 바꾼 꾸러기가 모습을 드러냈어.

"너, 여기까지 오면서 위험하지는 않았어?"

갑작스럽게 나타난 케이의 모습에 제니는 깜짝 놀랐지 뭐야?

'얘가 언제 여기 온 거지? 나한테 화난 게 아니었나?'

제니는 눈앞의 케이가 모습을 바꾼 꾸러기라고 조금도 생각하지 못했어. 목소리도, 외모도 의심할 곳 없는 케이였기 때문이지.

"아, 어! 나? 꾸러기처럼 다음 퀘스트 장소를 찾아 부리나케 왔지. 별것 아니던걸? 하하……."

꾸러기는 잔뜩 긴장한 채 어쩔 줄 몰라 하는 제니를 보고 웃음을 참기 힘들었어. 얼굴도 못 들 만큼 부끄러워하는 상대가 꾸러기라는 사실을 알면 어떻게 될까? 하지만 지금 웃었다가는 정체가 들통날 거

야. 어금니까지 물고 참는데 제니가 가느다란 목소리로 말했어.

"저…… 나한테 화났더라도 이것 좀 먼저 봐 줄래? 네 오해를 다 풀어 주지 못하는 부분을 편지로 썼어."

제니는 케이로 변한 꾸러기의 손 위에 곱게 접힌 종이와 스트랩을 건넸어. 훑어본 편지는 오해를 풀자면서 친구보다 더 가까워지고 싶다는 내용이야. 그나저나 제니, 이렇게 닭살스러운 표현은 어디서 배운 거니? 퀘스트 해결은 뒷전에 기승전 고백이라니. 이러다간 케이가 더 화를 내겠어! 눈치 없는 제니의 태도에 꾸러기는 답답해졌어.

"한제니, 정신 안 차릴래? 퀘스트가 급한 마당에 고백이라니!"

제니는 갑작스러운 고함에 놀라 주저앉았어. 눈앞에서 케이의 모습이 일렁이며 꾸러기가 나타나자 입이 떡 벌어졌지.

"잔뜩 풀 죽어 있어서 기운 좀 내게 하려 했더니. 참 나."

"뭐? 이게…… 진짜!"

"한제니 제발 눈치 좀! 이 작은 머리에는 케이밖에 없지? 아휴."

한숨을 내쉬며 머리를 짚는 꾸러기의 말에 제니는 고개를 푹 숙였어. 맞아, 지금은 고백보다 퀘스트 해결이 우선이잖아. 허리춤에 양손을 얹은 꾸러기가 제니를 째려보며 말했어.

"나는 개별 퀘스트를 받아서 너희랑 함께하지 못한다고! 앞으로 패키와 셋이서 해결해야 할 테니 미리미리 분위기 좀 풀어 주려 했더니. 집중 안 하면 너희 학교랑 온 동네에 이 고백 편지 확 공개한다?"

"뜨악, 안 돼! 퀘스트에 집중할 테니 아무한테도 보여 주지 마!"

"진짜 똑바로 해. 내가 지켜본다! 그나저나 넌 개별 퀘스트 없었어? 케이는 먼저 딥페이크랜드에 들어갔던데?"

안절부절못하는 제니를 보며 꾸러기는 마음이 바뀌었어. 제니를 나무라려던 것이 아니었으니 말이야. 그리고 세 번째 퀘스트를 알리는 창을 제니 얼굴 가까이에 밀어 보여 줬어.

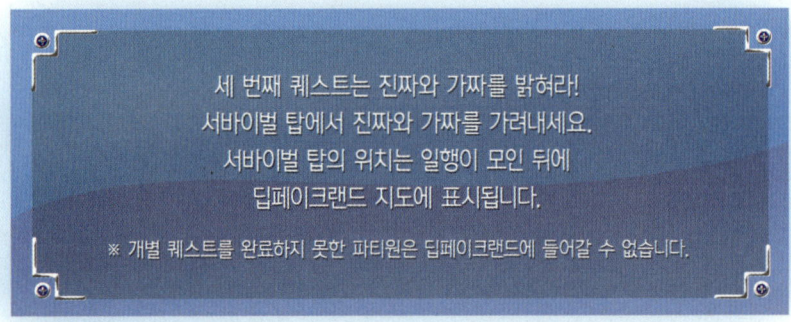

> 세 번째 퀘스트는 진짜와 가짜를 밝혀라!
> 서바이벌 탑에서 진짜와 가짜를 가려내세요.
> 서바이벌 탑의 위치는 일행이 모인 뒤에
> 딥페이크랜드 지도에 표시됩니다.
>
> ※ 개별 퀘스트를 완료하지 못한 파티원은 딥페이크랜드에 들어갈 수 없습니다.

"봐. 난 못 들어가니까 앞으로 잘해. 개별 퀘스트를 서둘러 끝내고 따라붙을게. 드론으로 도움을 줄 테니 걱정하지 말고!"

드론을 위로 움직이며 자신 있게 말하는 꾸러기를 보고 한결 든든해진 제니가 꾸러기의 어깨를 툭 쳤어.

"알겠어. 케이와 화해도 하고 퀘스트도 잘 해결할 테니 맡겨 둬. 그나저나 너의 개별 퀘스트는 뭔데?"

“쉬운 수수께끼였어. 퀴즈 왕인 나님에게 그런 문제는 1초 컷이지! 판다가 있는 동물원에서 이스터 에그를 찾으면 끝이니 넌 어서 가.”

꾸러기의 대답에 제니가 고개를 갸웃거렸어. 일찍 도착해서 케이도 찾을 겸 동물원 전체를 둘러보았지만 판다는 보지 못했거든.

“그거 정답 맞아? 동물원을 둘러볼 때 판다는 못 봤는데?”

“에이, 네가 급하게 오느라 못 본 것은 아니고?”

“그곳을 두 번이나 왔다갔다했는걸? 동물원에 가자마자 배치도부터 봤는데 판다는 분명히 없었어. 네 개별 퀘스트 단서 좀 봐 봐!”

제니의 설명에 꾸러기는 단서들과 외곽 지도를 보여 줬어.

"음, 판다를 가둔 곳이 아니라 좋아하는 것들이 모인 곳에 있을 수도 있잖아. 그러면 대나무 숲 아니야?"

"제니, 단서를 모두 만족해야지. 지도를 봐, 대나무 숲은 동쪽이야. 다음 단서가 해가 지는 쪽이라고. 그럼 서쪽이잖아!"

"그래서 저 대나무 숲이라는 거야. 퀴즈 왕 꾸러기 씨, 뒤집힌 방위표처럼 지도도 뒤집어서 봐야지."

제니의 말에 꾸러기는 아차 싶었어. 제니의 말처럼 이 지도는 방위표가 뒤집혀 그려져 있었어. 지도를 방위표대로 돌려서 보니 딥페이크랜드 너머 서쪽에 대나무 숲이 있네? 으아, 이대로 동물원에 갔더라면? 끔찍한 생각에 꾸러기는 등골이 서늘해졌어.

"좋아, 제니 너는 이대로 딥페이크랜드에 가서 다른 애들과 퀘스트를 해결해. 난 대나무 숲에 가서 이스터 에그를 찾아볼게."

"너 또 무슨 일 있으면 이 누나에게 연락하라고!"

답을 찾아낸 제니가 의기양양하게 말하자 꾸러기는 과장되게 허리를 굽신거렸어. 곧 케이와 패키를 만날지도 모른다는 생각이 들자 제니는 잠시 심호흡하고는 걸음을 내디뎠지. 도착한 딥페이크랜드에 가장 눈에 띄는 건물이 있었어. 이 건물이 혹시 서바이벌 탑인가 싶어 제니는 빠르게 이동했어. 입구에 도착하자 스르르 문이 열리며 눈앞에 놀라운 광경이 펼쳐지지 뭐야? 제니는 예전에 부모님과 놀이동산에 있는 '거울의 방'에 간 적이 있었어. 사방이 온통 거울인 그곳은 비

친 사람들로 가득했어. 맞아, 이 건물도 놀이동산의 거울의 방처럼 제니와 똑같은 사람들이 가득했어. 게다가 가짜 제니들이 거울 밖으로 빠져나와 다가오기까지 하자 너무 놀라 주저앉았지 뭐야? 어머, 제니! 뒤에 조심해! 아이고, 저런. 누군가의 다리와 제니의 등이 이미 부딪치고 말았네.

"꺄악! 죄송합니다."

고개를 돌린 제니는 다시 놀랐어. 등과 힘껏 부딪친 다리의 사람도 제니였거든. 겁에 질려 두 눈을 질끈 감았다 실눈을 뜨고 조심스레 주위를 보았어. 언제 다가왔는지 가짜 제니도 실눈을 뜬 채 제니를 쳐다보지 않겠어? 작은 점 하나까지도 닮았다니 너무 무섭잖아!

"넌 누구니? 정말 나랑 똑같다……."

제니가 저를 빤히 쳐다보는 또 다른 제니의 얼굴에 손을 갖다대자 모습이 일렁이며 익숙한 얼굴이 나타나 말을 걸었어.

"미안, 제니야! 괜찮아? 나야 나 케이!"

제니의 모습을 한 사람이 케이였어? 하지만 진짜 케이일까? 저번에 만난 케이도 꾸러기가 변장한 케이였잖아! 의심스러워진 제니는 눈앞에 있는 케이의 볼을 있는 힘껏 양쪽으로 잡아당겼어.

"아야야! 나, 진짜 케이라고! 여기에서 딥페이크 기술을 테스트하고 있었다니까!"

"진…… 진짜 케이구나."

안심이 된 제니는 자기도 모르게 와락 케이를 끌어안았어.

"놀랐어? 보상 프로그램을 주는 선택 개별 퀘스트를 해결하고 프로그램을 설치했더니 딥페이크 기술을 사용할 수 있더라고. 시험 삼아 네 모습을 했는데 이렇게 놀랄 줄은 몰랐네."

"진짜야? 그런 기술이 담긴 프로그램이었어?"

"그런데 나 목 좀 놔 줄래? 숨을 쉬기가 힘들어. 켁! 일단 건물 밖으로 나가서 이야기하자. 여긴 서바이벌 탑이 아냐."

"볼수록 정말 신기한 곳이야. 이렇게 진짜와 똑같은 모습이 반사되어 거울에서 튀어나오기까지 하다니 생각도 못 했어."

"그러게. 딥페이크 기술을 더 실감 나게 체험해 보라고 특별히 만든 곳 같아. 어서 서둘러 서바이벌 탑으로 가자. 일행이 모여야만 받은 지도에 서바이벌 탑의 위치가 나타난댔어."

고개를 끄덕인 제니는 케이가 보여 준 딥페이크랜드 지도에 어느새 나타난 서바이벌 탑의 위치를 잘 기억했어. 그리고 케이를 빠른 길로 안내하겠다며 앞장섰지. 연락이 되지 않는 패키에게 탑의 위치를 전송한 케이는 이동하려는 제니의 팔을 조심스럽게 잡았어.

"나가기 전에 할 말이 있는데……. 내가 패키 말만 듣고 오해한 것 같아. 너희랑 떨어지고 차분히 생각해 봤어. 내가 네 말은 듣지도 않고 멋대로 판단했잖아. 퀘스트 해결이 급해서 이야기가 귀에 들어오지 않았거든. 정말 미안."

“괜찮아. 이것저것 신경 쓰면 그럴 수 있지. 나도 말해 둘 게 있어. 이 스트랩, 상점에서 당첨된 할인권으로 싸게 산 선물이야. 자!”

제니가 내민 스트랩을 받아들고 케이는 환하게 웃으며 말했어.

“고마워. 그리고 미안해, 넌 분명 우리에게 없어서는 안 될 대단한 친구라고 생각해. 그러니 앞으론 널 절대 의심하지 않을 거야.”

진심이 담긴 케이의 말에 제니는 어느새 서운했던 마음이 풀렸어. 눈물이 날 듯했지만 애써 더 씩씩하게 말했지.

“좋았어, 케이! 이제 퀘스트에 집중하자고!”

무거운 분위기가 풀리며 둘은 자연스럽게 서바이벌 탑으로 향했어. 그러다 케이가 조금 걱정스럽게 말했지.

"그런데 패키는 어디 있는 걸까? 생각해 보면 패키에게도 퀘스트 알림이 전해졌을 텐데 말이지."

둘은 서바이벌 탑에서 패키를 만날 수 있기를 기대했어. 이윽고 도착한 서바이벌 탑은 한눈에 알아볼 만큼 아주아주 높았어. 끝부분은 보이지 않을 만큼 높아서 고개가 아플 정도였거든.

"건물 꼭대기를 쳐다보다가 목 빠지겠네."

"거, 건물에 가까워질수록 누, 누군가 짓누르는 것 가, 같아."

"탑 이름을 왜 서바이벌이라고 하지? 어라? 케이, 너 지금 겁나?"

"무, 무슨 소리야? 논리적이고 이성적인 내가 거업? 들어가자!"

케이, 아니면 아니라고 하지 왜 필요 없는 말은 더 붙이고 그래? 계속 더듬는 것도 수상한걸? 제니는 누가 봐도 긴장한 케이를 보고 웃음이 터졌어. 번지점프에서의 일도 그랬지만 케이가 공포에 약하다는 사실을 확실히 알았다면서 말이지. 굳게 닫힌 탑의 문을 힘차게 밀고 들어서자마자 케이와 제니에게 알림이 나타났어.

지금부터 진짜와 가짜를 밝히는 서바이벌 퀘스트가 주어집니다.
여러 문제를 풀며 진짜가 무엇인지 찾아내야 합니다.
모든 문제를 맞히면 보상으로 진실의 눈이 지급됩니다.
한 문제라도 틀릴 경우 실패로 처리합니다.

아하, 그래서 탑의 이름이 서바이벌이구나. 그나저나 문제는 쉽지 않을 텐데 괜찮을까? 두 친구가 어떻게 풀어 나갈지 함께 따라가 보자고!

제니와 케이가 가운데 Q라고 적힌 사각 존에 들어섰어. 그러자 두 사람의 앞에 서바이벌 문제가 뜨지 않겠어?

Q존을 벗어나면
무조건 오답이니 정답이 확인되기
전까지 이동하지 마세요.
주어진 이미지를 보고 무엇이
딥페이크이고 무엇이 AR인지
딥페이크와 AR 버튼을 누르세요.

"우리한테 주는 단서가 하나도 없어? 그래 놓고 못 맞히면 실패라니! 순 제멋대로잖아!"

잔뜩 흥분해 고함치면서도 제니는 화면에 뜬 이미지를 빠르게 살펴봤어. 딥페이크는 모습을 바꾸는 기술일 텐데 AR은 또 뭐지? 당황스러웠지만 다시 침착하게 살펴봐야 해.

"아! 혹시 스마트글래스를 쓰면 뭔가 보일까? 내가 한 번 볼게!"

제니는 케이가 건네는 스마트글래스를 쓰고 화면을 살펴보았어. 쓰고 보니 스마트글래스는 정말 신기한 물건이야. 앞에 있는 물체의 온도와 크기, 무게가 다 나오잖아! 잠깐, 무게가 보인다면 케이는 제니의 몸무게도 봤다는 소리?!

'헉, 이…… 이게 뭐야? 내 몸무게도 보이는 거 아냐? 이럴 줄 알았으면 케이 뒤에만 서 있을걸. 요새 살도 부쩍 쪘는데.'

"케이, 너 이런 걸로 몸무게도 보고 있던 거야?"

"나 그런 거 잘 안 봐. 이, 일단 이 문제부터 해결해야지!"

얼굴이 붉어진 제니는 헛기침하며 다시 화면을 뚫어져라 바라봤어. 째깍째깍. 주어진 시간은 흘러만 가는데 아직도 답을 정하지 못했어. 이를 어쩌지? 급해진 제니는 화면 아래의 버튼을 누르려고 했어. 케이가 서둘러 제니를 붙잡고 스마트워치를 가리키며 말했지.

"잠깐! 나 기억났어. AR은 증강 현실 기술이야. 예전에 유행했던 주머니 몬스터 잡는 게임도 있었잖아. 아직 시간 있으니까 네 스마트워치에 있는 사전으로 알아보면 어때?"

"스마트워치! 증강 현실과 딥페이크의 차이를 알려 줄래?"

증강 현실(Augmented Reality)	딥페이크(Deepfake)
두 기술 모두 실제로 있는 모습이 아닙니다. 화면을 통해서만 모습을 확인할 수 있습니다.	
사용자가 눈으로 보는 현실 세계에 가상 물체를 겹쳐 보여 주는 기술	인공지능을 기반으로 활용한 인간 이미지 합성 기술

케이와 제니가 검색 결과를 홀로그램으로 살펴보는 중에도 시간은 계속 흘렀어. 곧 카운트다운이 시작되었지. 50, 49, 48……. 케이는 카운트다운 소리에 마음이 초조해졌지만 침착하려고 노력했어.

"음. 내가 아는 딥페이크는 오른쪽 같은데. 왼쪽도 딥페이크라고 해야 하지 않나? 아냐, 증강 현실인가? 그 주머니 몬스터를 이렇게……."

'안 돼. 케이도 쉽지 않은가 봐. 어떡하지?'

30초, 20초, 10초. 답을 정하지 못한 케이가 두 눈을 감았지.

'증강 현실은 겹쳐서 표현한다고 했지? 겹쳐진 그림을 찾으면?'

생각을 마친 제니가 두 눈을 빠르게 굴리며 두 이미지를 살펴봤어. 그러고는 망설이는 케이 옆에서 이미지 아래의 버튼을 각각 눌렀어!

제니의 손이 과감하게 버튼을 눌렀을 때 남은 시간은 불과 1초 정도였어. 종료를 알리는 소리와 함께 갑자기 주변이 어두워지지 뭐야?

그 순간 제니는 머리가 새하얘졌어. 자기 때문에 문제를 틀렸다고 생각했거든. 그때 케이의 목소리가 들렸어.

"조금 더 지켜보자. 확실하게 틀렸다면 더 안 좋은 상황이었을 텐데 조용하기만 하잖아? 저기 봐, 뭔가 불빛이 보여!"

미리 실망하지 말라는 케이의 말처럼 곧이어 경쾌한 딩동댕 소리가 울렸어. 이어 Q존을 벗어나 앞쪽 엘리베이터를 타고 8층으로 이동하라는 알림이 뜨잖아? 제니는 그제야 안도의 한숨을 쉬었어. 긴장이 풀리면서 다리도 후들거렸지.

"제니 네 덕분에 문제를 해결해서 다행이다."

"훗, '겹쳐진'이란 단어가 눈에 들어오더라고. 네 말처럼 예전에 유행한 증강 현실 게임에서 카메라로 주변을 비추면 사물에 그림이 겹쳐졌던 기억이 떠올랐거든. 자신은 없었지만 정말 다행이지?"

"증강 현실은 실제 사진에 다른 것을 겹쳐서 보이게 하고 딥페이크는 이미지의 각 부분을 진짜처럼 합쳐 놓은 거라고 볼 수 있구나!"

케이가 감탄하며 제니의 손을 잡고 위아래로 흔들었어. 정답을 맞혔다는 기쁨도 잠시. 제니는 문득 한 가지 사실이 떠오르지 뭐야?

"아, 잠깐! 너 스마트글래스 당분간 압수야! 첨단 기술로 남의 프라이버시를 침해하다니 말도 안 된다고!"

"아, 몸무게 안 봤다니까!"

"그래도 안 돼! 여자에게도 감추고 싶은 비밀이 있다고!"

티격태격하는 둘에게 엘리베이터에 탑승하라는 마지막 알림이 떴어. 제니는 케이의 팔을 붙잡고 Q존을 벗어나 엘리베이터에 탔지. 그 순간 Q존 바닥이 쿵 하고 떨어지지 뭐야?

"혹…… 시 문제를 틀리면 저렇게 밑으로 떨어지는 거?"

"아…… 아무래도 그런가 보네. 지…… 진짜 더 집중하자."

케이와 제니는 코앞에서 본 장면에 더 웃을 수 없었어. 이 퀘스트는 생존이 달린 문제였거든. 두 사람이 탄 엘리베이터가 8층까지 올라가는 동안 긴장한 두 사람 사이에는 침묵만이 흘렀어.

도착을 알리는 소리와 함께 문이 열리며 8층의 Q존이 눈앞에 보였어. 8층은 수많은 액자로 가득한 방이었어. 첫 문제는 제니의 기지로 잘 맞혔지만 다음 문제는 어떨까?

'집중하자 집중. 한제니, 넌 할 수 있어! 케이도 함께 있잖아!'

조심스럽게 파이팅을 외친 제니는 케이와 함께 Q존에 들어갔어. 얼마 지나지 않아 새로운 시스템 알림 창이 나타났지. 곧이어 이미지 두 개가 Q존 앞까지 빠르게 날아왔어.

알림과 함께 60초 카운트다운이 시작됐어. 째깍째깍. 조용한 서바이벌 탑에는 타이머가 흔들리는 소리만 울려 퍼졌지.

"둘 다 인물 이미지 아냐? 여기에 가짜 사람이 있다고? 거짓말!"

"확대해 보면 알 수 있는데! 여기 돋보기가 없으니 어쩌지?"

"확대? 케이, 너 스마트글래스로 확대해 봐!"

제니가 스마트글래스를 돌려주자 케이는 한숨을 쉬었어.

"스마트글래스에 그런 기능은 없어. 물체의 정보들만 알려 준다고."

"아냐. 아까 내가 이거 쓰고 깜짝 놀라서 눈을 동그랗게 크게 떴더니 확 커지던데? 너도 쓰고 눈을 한 번 크게 떠 봐!"

케이가 서둘러 스마트글래스를 쓰고 눈을 크게 떠 보니 이게 무슨 일이야! 정말 이미지가 커지지 않겠어? 언제나 침착한 케이는 눈을 크게 뜰 일이 없다 보니 확대 기능을 쓸 일도 없었던 거야.

"진짜네! 그럼 됐어. 제니, 나한테 맡겨!"

스마트글래스를 바르게 고쳐 쓴 케이가 이미지를 크게 키워 보더니 망설임 없이 하나를 골랐어.

'트…… 틀렸나……? 내가 확실히 봤는데. **픽셀**이…… 분명히.'

자신 있게 답을 고른 케이도 긴장해 마른침을 삼켰어. 몇 초 안 되는 시간이 꼭 1년 같았지. 케이의 얼굴에서 땀이 뚝 떨어지기 무섭게 딩동댕 소리가 울려 퍼졌어. 이번에도 정답이야! 동시에 반대편 엘리베이터를 타고 64층으로 이동하라는 알림이 떴어.

픽셀(Pixel) _그림을 이루는 기본 요소로 그림의 선명함에 영향을 준다.

"정답이면 좀 빨리 이야기해 주지 사람 간 떨어지겠네. 그나저나 케이, 딥페이크 이미지를 어떻게 구분한 거야?"

"일단 Q존부터 벗어나자. 괜히 서 있다 위험해질 수도 있어!"

케이와 제니는 헐레벌떡 Q존을 벗어나 64층으로 가는 엘리베이터 앞까지 도망치듯 뛰어나왔어. 역시나 둘이 서 있던 곳으로 어마어마하게 큰 돌이 떨어져 내리지 뭐야? 안심하는 제니에게 케이가 입을 열었어.

"아까는 어떻게 구분했냐면……. 딥페이크는 서로 다른 이미지들을 붙여서 합치기 때문에 크게 키우면 붙인 곳의 픽셀이 깨져 보인대. 그래서 스마트글래스로 할 수 있는 한 확대해 봤어!"

"그렇게 확인해 볼 수 있구나! 두 이미지 모두 진짜처럼 보여서 놀랐지 뭐야. 너 대단해!"

감탄으로 초롱초롱해졌던 제니의 눈이 이내 날카로워졌어. 왜냐고?

키웠을 때 칸칸이 픽셀이 보이면 딥페이크 이미지일 확률이 높아.

케이가 여전히 스마트글래스를 쓰고 자신을 보고 있잖아!

"그 스마트글래스 벗지 못해? 또 내 몸무게 보고 있지?"

"아 그런 건 진짜 안 봐! 걱정 말라고!"

스마트글래스를 뺏으려는 제니와 뺏기지 않으려는 케이가 투닥거리는 사이 엘리베이터 문이 열렸어. 64층의 Q존을 앞에 둔 둘은 숨을 크게 내쉰 뒤 서로를 마주봤어. 고개를 끄덕이고 Q존에 들어서자 세 번째 문제를 알리는 창이 나타났어.

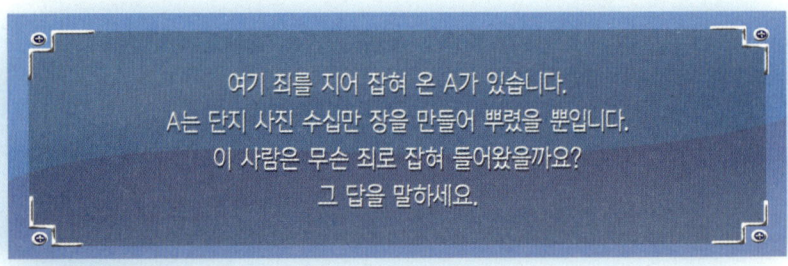

> 여기 죄를 지어 잡혀 온 A가 있습니다.
> A는 단지 사진 수십만 장을 만들어 뿌렸을 뿐입니다.
> 이 사람은 무슨 죄로 잡혀 들어왔을까요?
> 그 답을 말하세요.

문제를 확인하자 둘 앞에 마이크 모양의 빨간 아이콘이 나타났어.

"이걸 누르고 정답을 말해야 하나 봐."

케이의 말에 제니는 무엇이 정답일지 깊이 생각에 잠겼어.

'사진을 뿌렸다……. 사진을 몰래 찍었나? 수십만 장이나 되는 사진을 만들었다? 그리고 뿌렸다? 무엇으로? 어떻게?'

제니보다 더 빠르게 여러 경우를 다 따져 본 케이는 몇 초 남지 않은 상황에서 마이크 아이콘을 누르고 차분하게 답했어.

"아아, 어떤 사진인지는 모르겠지만 딥페이크 기술을 악용해서 다른 사람의 사진을 만들었을 거예요. 초상권을 침해한 죄죠. 딥페이크 기술은 좋게 사용할 수 있지만 범죄에도 이용될 수 있어 문제가 됩니다."

"어떤 처벌 기준은 없지만 앞으로 더 발달할 딥페이크 기술에 범죄 예방을 위한 사용 원칙과 법률도 필요해요!"

케이의 답에 제니가 마지막으로 의견을 보태자 마이크에서 찢어지는 소리가 울렸어. 소음을 견디지 못한 둘은 귀를 틀어막았어.

"으아, 귀 찢어지겠어. 대체 왜 이런 소리가 나지?"

곧 딩동댕 소리와 함께 마지막 512층으로 올라가라는 알림이 떴어. 문제를 연이어 맞히자 흥분한 두 사람은 손을 잡고 누가 먼저랄 것도 없이 Q존을 벗어나 엘리베이터에 올라탔지. 생각보다 쉽게 다음 단계로 넘어가서 다행이라 생각한 제니는 손에 닿는 따뜻한 감촉에 놀랐어. 어머나, 둘이 여전히 손을 잡고 있잖아? 케이와 눈이 마주치자 제니는 급히 다른 곳으로 시선을 돌렸어. 케이도 반대쪽으로 고개를 돌리며 멋쩍어했지. 아무튼 세 문제를 멋지게 해결한 둘은 꼭대기 층인 512층에서 내렸어. 512층은 커다란 스크린들에서 영상들이 일정하게 바뀌며 흘러나오는 독특한 곳이야. 그런데 다른 층들과 달리 한가운데 유리로 둘러싸인 Q존에는 들어갈 수 없었어.

"마지막 층이라 그런가? Q존에는 어떻게 들어가지?"

"무언가 단서들이 있을지 모르니 둘러보자!"

초상권 _자기의 얼굴이 허락 없이 찍히거나 그 사진이 함부로 쓰이지 않을 권리.

아바타(Avatar) _분신·화신을 뜻하며 사이버 공간에서 사용자를 대신하는 캐릭터.

이곳저곳을 구석구석 살펴보던 둘의 눈에 서로 다른 영상들이 재생되는 스크린이 들어왔어.

"제니, 너 이 스크린들 어때? 조금 이상하지 않아?"

"그렇긴 한데 영상이 각각 다른 데에는 뭔가 이유가 있지 않을까?"

스크린의 영상은 다리를 다친 사람이 아이돌이 되는 내용이었어. 그는 엘리시움의 딥페이크 기술로 자신의 **아바타**를 통해 누구보다 멋지게 춤추고 노래하는 아이돌이라는 꿈을 이루었어. 기술로 사람이 행복해질 수 있다니 감동적인 장면이었지.

"메타버스와 딥페이크 기술을 이용하면 이루기 어려운 꿈들을 이루어 줄 수도 있겠다."

케이의 곁에서 영상을 보던 제니도 고개를 끄덕이며 말했어.

"이 영상은 농구 선수의 꿈을 이룬 초등학생 이야기네? 엘리시움에서는 어떤 조건이나 환경에서도 꿈을 이룰 수 있다니 참 대단해."

다음의 스크린 영상에는 교과서에 보던 독립운동가의 모습이 나오고 있었어. 제니가 고개를 갸웃거렸지.

"유관순 열사야! 그토록 원하던 나라의 독립도 못 보고 돌아가셨는데. 얼마나 힘드셨을까?"

제니가 스크린을 등지고 말하자 케이가 소리쳤어.

"제니! 뒤, 뒤를 좀 봐!"

케이의 말에 뒤를 돌아본 제니는 깜짝 놀랐어. 스크린에 비친 유

관순 열사의 얼굴이 웃는 얼굴로 바뀌지 않겠어? 온갖 고생만 하다가 돌아가신 열사는 독립하여 전 세계에 문화 강국으로 이름을 떨치는 대한민국을 보고 기뻐하고 계셨어.

"뵌 적 없는 열사의 웃는 얼굴을 보니 마음이 편안해지네!"

오늘날 전해지는 옥에 갇힌 열사의 사진에서 웃는 얼굴은 없었어. 하지만 딥페이크 기술 덕분에 웃는 모습을 만들어 낼 수 있었지. 열사의 웃는 얼굴은 두 사람에게 큰 감동이었어. 또 다른 스크린에서는 범죄 피해를 증언하는 사람들의 사연이 나오고 있었어.

"요즘에 범죄나 사고의 목격자들, 증인들은 진실을 밝히기 위해 증언하면 위험해진다고 나서기를 꺼린다던데."

"보복이 두려워서 폭력 신고나 목격을 숨기는 학생들도 있잖아."

안타까워하며 스크린을 보던 케이는 영상의 자막을 보고 놀랐어.

"와! 이거 진짜 좋은 아이디어인데? 이것 좀 봐!"

'증인 보호를 위한 딥페이크 기술의 활용'이라는 제목이 자막으로 흘러나오고 있었어. 증언하는 사람들의 얼굴을 딥페이크로 바꿔 준다는 내용이었지. 개인 정보를 보호할 수 있으니 정말 좋은 아이디어 아니니? 제니와 케이가 딥페이크 관련 영상들을 살펴보고 있을 때 알림이 울리며 Q존을 둘러싼 유리 벽이 사라졌어.

"이제…… 마지막 문제를 풀 시간인가 봐. 제니, 준비됐어?"

제니는 침을 한 번 꼴깍 삼키고 케이를 보며 고개를 끄덕였어. 두 사람이 Q존으로 들어서자 문제를 알리는 시스템 창이 나타났어.

> 세 번째 서바이벌 문제에서 당신은
> "딥페이크 기술로 피해를 보는 사람이 생길 수 있다."라고 했습니다.
> 그렇다면 딥페이크 기술은 사라져야 할 기술인가요? 살려야 할 기술인가요?
> 엘리시움 관리자인 레기맨에게 당신의 답을 보내세요.
> 이 마지막 문제의 도전에 실패하면
> 엘리시움의 지하 감옥에 영원히 감금되어 현실로 돌아가지 못합니다.

"뭐, '영원히 감금'이라고? 그런 말은 없었잖아!"

기가 막힌 제니는 분에 차서 말했어. 스크린에서 보았던 영상들, 이전 층에서 보았던 사진이 혹시 문제를 풀 열쇠가 아닐까? 진짜 같은 가짜 사진. 딥페이크 기술이 잘못 쓰이면 생길 문제들. 딥페이크 기술로 복원한 역사 속 인물이나 범죄의 예방 등. 딥페이크 기술은 장점과 단점이 모두 있어서 섣불리 답을 정할 수 없는걸?

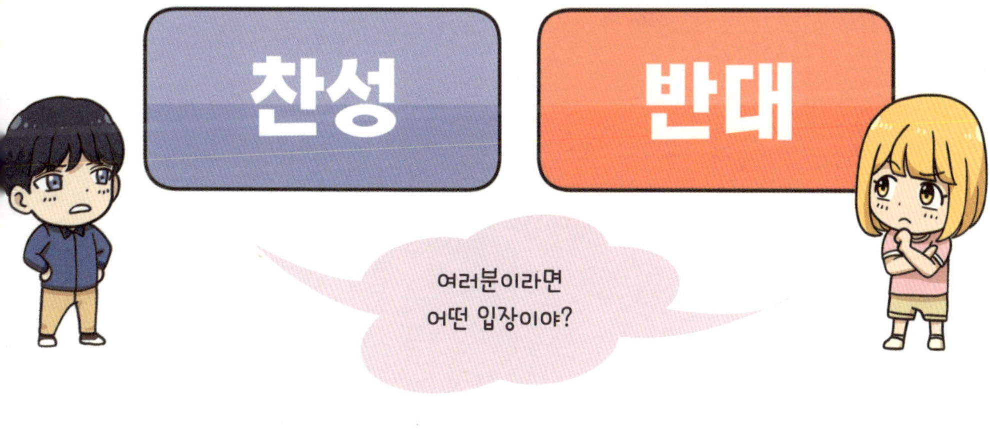

찬성	반대
딥페이크 기술은 계속 활용해야 한다. * 몸이 불편한 사람들의 꿈을 이루어 줄 수 있다. ** 실감 나게 역사 공부를 할 수 있다. *** 영화와 공연, 게임 산업 등에서 두루 사용할 수 있다.	딥페이크 기술은 사용하면 안 된다. * 초상권이 침해될 수 있다. ** 가짜뉴스 등으로 피해를 보는 사람이 생길 수 있다. *** 디지털 성범죄에 쓰일 수 있다.

"이거 양날의 검인데? 옳고 그름이 아니라 기술을 잘 사용하는 우리의 몫이 아닐까 싶거든. 넌 어떻게 생각해?"

"나도 그렇게 생각했어. 딥페이크는 잘못 쓰이면 나쁜 범죄를 일으킬 수 있다는 생각이 더 크지만 잘 사용하면 유익하잖아."

제니와 대화한 케이는 마음속으로 답을 정리할 수 있었어.

케이	

마이크 아이콘을 누른 케이는 자신 있게 말했어. 제니도 끄덕이며 의견을 같이했지. 케이의 말이 다 끝나자 제니는 이번에도 의견을 덧붙여서 또 다른 근거들도 이야기했어.

제니

케이와 제니가 한마음으로 답을 정리해 레기맨에게 보내자 한동안 정적이 흘렀어. 잠시 뒤, 갑자기 켜진 무대 조명이 제니와 케이를 감싸듯 비췄어. 제니는 손바닥으로 위에서 내리쬐는 눈부신 불빛을 가렸어. 케이도 손바닥으로 불빛을 가리고 어디에서 내리쬐는 불빛인지 살폈지. 그 순간 팡파르 소리와 함께 알림 창이 나타나지 뭐야?

'진짜와 가짜를 밝혀라!'의 문제 맞히기에 모두 성공하셨습니다.
보상으로 진실의 눈을 지급합니다.
진실의 눈을 한 번 쓰면 사라지니 신중하게 사용하세요.
진실의 눈은 한 번밖에 보여 주지 않으니 잘 기억하기 바랍니다.
좌측 엘리베이터를 타고 나가 다음 퀘스트 장소로 이동하세요.

"성공인가? 우리가 해낸 거야?"

감격한 제니와 케이는 서로를 끌어안고 폴짝폴짝 뛰었어. 서바이벌

탑의 문제 모두를 둘만의 힘으로 해결하다니 대단해. 제니는 엘리시움에 온 순간부터 친구들에게 짐이 되지는 않을까 늘 걱정했었어. 첨단 엘리시움은 제니가 활약하던 현실 세계와 달랐거든. 아는 것도 많이 없어서 자신감도 잃었고 말이야. 하지만 퀘스트를 하나씩 해결해 나가며 잃었던 자신감이 돌아오지 뭐야? 엘리베이터에 탄 둘은 서바이벌 탑을 빠져나와 딥페이크랜드 광장으로 이동해 있었어.

"이제 얼마 안 남은 것 같아. 봐, 퀘스트 배지도 이만큼 채웠잖아? 조금만 더 힘내면 퀘스트를 끝내고 레기맨을 만날 수 있겠어!"

"그런데 꾸러기는 이스터 에그를 찾았으려나?"

한편 꾸러기는 제니와 케이가 서바이벌 탑의 퀘스트를 해결하는 동안 대나무들이 우거진 숲을 헤매고 있었어. 사방을 둘러봐도 대나무만 가득하니 어디가 어딘 줄도 모른 채 판다는 찾지도 못하고 시간만 낭비하고 있었거든.

'남은 시간이 10분도 채 안 되는데. 끄아아.'

그때 케이에게서 메시지가 도착하자 꾸러기는 서둘러 창을 열었어.

꾸러기! 이스터 에그는 찾았니? 우리는 탑 퀘스트를 성공했다고!

그거 잘됐네! 문제는 나야. 시간이 얼마 안 남았는데 아직 못 찾았어. 대나무가 빽빽해서 아무것도 보이지 않아!

판다는 대나무 먹는 걸 좋아하니 대나무가 흔들리는 소리를 찾아봐. 그 소리와 흔들리는 방향을 따라가 보면 어때?

그렇구나! 빨리 찾아볼게!

케이는 메시지로 꾸러기에게 이것저것 조언해 주는 제니의 모습을 홀린듯 보고 있었어. 초대된 친구가 제니라는 사실에 언제 실망했냐는 듯 말이지. 그때 딥페이크랜드 곳곳에 사이렌이 요란하게 울려 퍼졌어.

– 아아! 제니와 케이 그리고 꾸러기 듣고 있나? 꾸러기는 대나무 숲이라 안 들리려나?

쩌렁쩌렁하게 큰 소리로 말하는 사람은 둘이 그토록 찾던 패키잖아!

"이 녀석, 대체 어디 있다가 이제야 연락하는 거야? 패키! 지금 내 말 들려? 갑자기 웬 서프라이즈를……."

크게 기뻐한 제니가 소리쳤어. 서바이벌 퀘스트를 해결하느라 정신 없었는데 패키가 자신들을 찾아 주다니 반가웠던 거야.

– 그래, 너희를 얼마나 찾았는지 몰라. 이곳에서 아주 없애 버리려면 너희가 있는 곳을 알아야지 안 그래? 내가 접수한 이 딥페이크랜드에서 곧 아웃시켜 주지!

"아니 이게…… 지금 무슨 소리야……?"

5장

디지털 세상과 딥페이크를 알아보자

디지털 세상은 다양한 첨단 기술을 바탕으로 만들어져요. 어떤 기술들이 어떻게 실감나게 만들어 주는지 살펴볼까요?

증강 현실(Augmented Reality, AR)

가상 세계의 대상을 현실에 있는 사물에 겹쳐서 시각적인 효과를 두드러지게 해 줘요. 증강 현실을 보려면 카메라가 있는 스마트 기기가 있어야 해요.

가상 현실(Virtual Reality, VR)

현실과 비슷하여 구분이 어려울 만큼 놀라운 환경을 만드는 기술이에요. 180~360° 회전을 해도 주변을 둘러보는 효과를 내어 현실에 가까운 세상이에요. 생생한 가상 현실을 경험하려면 VR 고글과 같은 기기가 있어야 해요.

혼합 현실(Mixed Reality, MR)

증강 현실과 가상 현실의 장점을 더한 기술이에요. 현실과 가상의 정보를 더해 조금 더 진짜 같은 가상 세계를 만들어요.

확장 현실(eXtended Reality, XR)

증강 현실과 가상 현실, 혼합 현실을 모두 담는 기술이에요.

딥페이크(Deepfake)는 인공지능으로 이미지나 영상을 더해 진짜처럼 만드는 기술이에요. 합치고 싶은 이미지나 영상을 인공지능 모델로 학습시켜요. 그다음 특징을 뽑은 뒤 이를 서로 바꾸어 결과물로 만드는 방법이지요. 진짜와 구분하기 힘들 만큼 자연스러운 이미지와 동영상을 만들 수 있답니다. 그렇다면 딥페이크는 어떤 원리인지 자세히 살펴볼까요?

딥페이크를 만들어 주는 오토인코더(Auto-encoder)는 이미지에서 특징을 뽑는 인코더(Encoder)와 특징대로 만들어 주는 디코더(Decoder)로 이루어져 있어요. 오토인코더는 어떤 이미지를 넣었을 때 이미지 그대로 나오도록 학습하는 것이에요. 사과 그림이 들어가면 인코더가 뽑은 사과의 특징을 바탕으로 디코더가 사과 그림을 내보내지요.

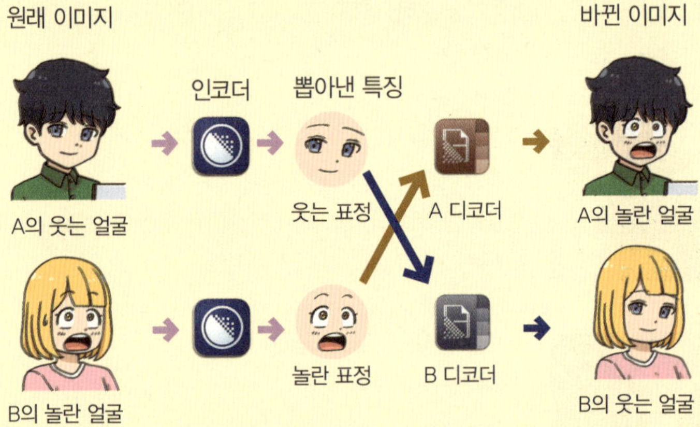

공유된 인코더는 두 이미지에서 모두 '표정'이라는 특징을 뽑아낼 수 있어요. 디코더를 바꾸어 껍데기에 특징을 덧씌운 모습을 쉽게 만들 수 있지요.

[VR]	[딥페이크]	[MR]	[딥페이크]
고인이 된 인물을 복원해 추억하기	역사 인물이 직접 설명하는 듯한 콘텐츠 만들기	비대면 속 혼합 현실 기술로 콘텐츠 만들기	버추얼 유튜버나 버추얼 인플루언서

6

전설, 마침내 부활하다

패키는 프로그래밍 대회에서도, 학교 공부에서도 케이에게 밀려 늘 2등만 해 왔어. 계속된 그 일은 패키의 열등감을 키워 왔어. 말하는 목소리에 분노가 가득했거든.

– 케이, 2등만 해 온 내 기분을 네가 알기나 해?

"뭐야? 우리를 뒤통수친 이유가 고작 그 때문이었어?"

패키를 친구라고 생각했던 케이는 끝내 격한 감정을 드러냈어. 얼마나 화가 났는지 귀까지 빨개져 있었지.

"파티에 적을 두고 있었다니. 생각해 보면 묘하게 퀘스트를 방해하는 것 같았는데 느낌만이 아니었어. 패키가 없었는데도 서바이벌 탑의 위치가 지도에 나타났을 때 이상하다고 느껴야 했는데! 내 실수야!"

"퀘스트 성공을 망치려고 우리 사이를 갈라 놓으려 했구나!"

"안 보이는 데서 비겁하게! 너, 당장 안 나와?"

패키는 길길이 날뛰는 제니에게 비아냥거리기를 멈추지 않았어.

– 제니 넌 운 좋게 이곳에 온 주제에 네 머리로 참 오래 버텼어! 이게 끝이라고 생각하지 마! 앞으로 어떻게 방해해 줄지 기대하라고!

그 말을 끝으로 깔깔거리는 패키의 웃음소리가 점점 멀어졌어. 제할 말은 다 마치고 사라진 패키와 달리 제니와 케이는 얼이 빠져 있었지. 그때 꾸러기가 보낸 메시지가 도착하지 않겠어?

제니, 네 말대로 대나무가 심하게 흔들리는 방향으로 가니 판

다 무리가 있었어! 먹지도 못하는 이스터 에그를 판다가 갖고 놀더라니까? 그 안에 매직 스크롤이 감춰져 있었어.

그나저나 너, 서둘러 이쪽으로 와 줘야겠어.

뭐야, 무슨 일인데?

패키 녀석, 우릴 배신했다고! 지금껏 퀘스트를 망칠 작정이었던 거야. 딥페이크랜드가 패키에게 넘어간 것 같은데 어쩌지?

빨리 움직이는 게 우선이니 너랑 케이 위치를 알려 줘. 좌표를 따라 이동할게.

옆에서 제니의 메시지 화면을 같이 보던 케이가 말했어.

"패키가 방해한다고 이대로 포기하지 않을 거지?"

그제야 케이와 꾸러기가 곁에 있다는 사실을 깨달은 제니는 힘이 났어. 그러고는 나타난 네 번째 퀘스트 창에 눈을 돌렸지. 그런데 퀘스트가 조금 이상해. 내용이 분명하지 않고 알쏭달쏭하지 않겠어?

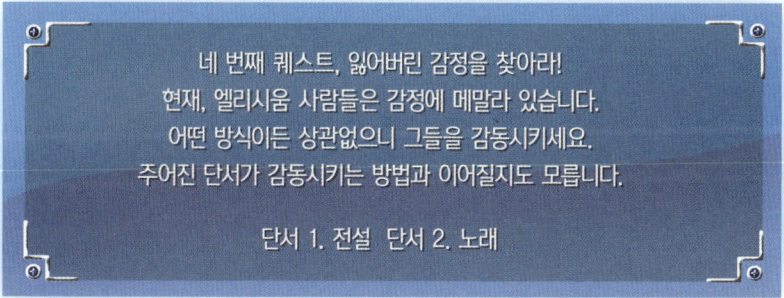

네 번째 퀘스트, 잃어버린 감정을 찾아라!
현재, 엘리시움 사람들은 감정에 메말라 있습니다.
어떤 방식이든 상관없으니 그들을 감동시키세요.
주어진 단서가 감동시키는 방법과 이어질지도 모릅니다.

단서 1. 전설 단서 2. 노래

"사람들을 감동시키라고? 이게 무슨 말이지?"

"거기다 감정이 없는 사람들이라니……. 주어진 단서는 전설과 노래라. 수수께끼인가? 전설과 노래, 감정과 감동. 음."

도무지 알 수 없는 퀘스트에 제니와 케이는 난감해졌어.

"사람들을 감동시킨다라. 케이, 너는 언제 감동해?"

"나? 프로그래밍 대회에서 우승했을 때? 아니면 아버지가 고급 프로그래밍을 할 수 있는 컴퓨터를 사 주셨을 때? 평소에는…… 뭐 좋지도 나쁘지도 않은데?"

"고급 프로그래밍을 할 수 있는 컴퓨터? 너 진짜 특이하다. 보통 사람들은 안 그래! 내가 그런 큰 대회에서 상을 받았다면 우리 집은 잔치를 벌일걸? 아빠가 나를 업고 동네방네 뛰어다니실 거야!"

"제니 너는 언제 감동하는데?"

"오랜만에 보고 싶은 친구를 만났을 때, 부모님께 칭찬을 받았을 때, 친구가 깜짝 선물을 주었을 때처럼 너무 많지!"

"뭐? 사람들이…… 그런 작은 일에 감동한다고?"

"너 다른 세상 사람 같아. 작은 일들이 주는 감동이 얼마나 큰데. 뭐 특별한 일을 경험할 때도 크게 감동하지! 내가 좋아하는 배우가 나오는 드라마를 볼 때도 그렇고 실력 좋은 가수가 부르는 애절한 노래를 들으면 폭풍 눈물, 폭풍 감동 아니겠어?"

"보통…… 사람들은 그렇구나. 내 관심사가 아니라 전혀 몰랐어."

"으이그, 엘리시움에서 나가면 너 나랑 문화생활 좀 하자! 요즘 전설을 쓰는 K-POP 가수의 공연을 직접 보면 진짜 감동이라니까!"

"자…… 잠깐만. 너 지금 뭐라고 했어?"

"응? 직접 보는 거?"

"아니, 그거 말고 더 앞에 한 말 말이야."

"전…… 전설?"

"그래! 전설을 쓰는 K-POP 가수?"

"그거구나, 전설과 노래! 단서들이 그걸 말하나 봐."

"딱딱 맞아떨어지네. 메마른 감정을 살릴 수 있는 전설의 노래로 사람들을 감동하게 하면 성공인가? 잠깐, 그런 노래를 어디서 하지?"

"전설적인 가수의 노래를 들을 수 있는 곳이라면 콘서트장인데 여기에서 콘서트장이 어디 있더라?"

"아까 들어올 때 지도에서 본 콘서트장 위치가……."

제니는 머릿속에 담았던 딥페이크랜드의 지도에서 금세 콘서트장이 있는 곳을 떠올릴 수 있었어.

"왼쪽, 그리고 앞으로 50m 정도? 그리고 다시…… 오른쪽. 그래! 이 방향으로 가면 콘서트장에 금방 갈 수 있을 거야."

"그나저나 전설의 가수는 누구를 말하는 걸까?"

"일단 콘서트장으로 가 보자. 거기에 답이 있을지도 몰라."

고개를 끄덕인 케이는 제니와 함께 콘서트장으로 향했어. 제대로 가고 있었는지 콘서트장에 가까워질수록 낯선 기계 소리가 조금씩 커지고 있었어. 어느새 어두워진 하늘에는 불빛들이 하나둘 수를 놓고 있었지. 그런데 콘서트장을 채우는 저 재미없고 지루한 뚜뚜뚜 소리는 뭐야? 설마 저게 엘리시움에서 유행하는 노래?

"맙소사! 저건 노래도, 소리도 아냐. 소음이라고! 콘서트장에서 누가 저런 걸 들어!"

세상에나, 엘리시움 사람들은 저런 걸 듣나 봐. 제니는 소음을 들으니 그들에게 있던 감정도 없어지는 게 당연하다고 생각했어. 콘서트장에 들어서 두리번거리니 표정 없는 사람들이 가득하잖아? 여기에 계속 있다간 우울증에 걸릴 것만 같아. 무언가 바스락 하고 밟히는 소리

에 제니는 아래를 봤어. 콘서트 순서가 적힌 팸플릿이잖아? 얼른 주워 펼쳐 본 팸플릿에는 알 수 없는 언어들만 가득했어.

"으악! 어느 나라 글인지도 모르겠어."

깜짝 놀라는 제니에게서 케이가 팸플릿을 넘겨받아 여기저기 살펴보았어. 그때, 뒤에서 누군가 다가와 제니의 어깨를 두드리며 말을 걸지 않겠어?

"¡Hola! soy Peki, ¿Túeres el intérprete de la canción Michael Jackson?(안녕. 나는 패키야. 당신이 혹시 마이클 잭슨 공연자야?)"

외국어 울렁증이 있는 제니는 외국인이 말을 걸자 당황했어.

"어, 아임 제니. 아이 캔 언더 스탠드 유. 웨이러 미닛 플리즈 아이 해브 어 프렌드. 영국 사람……."

이럴 줄 알았으면 외국어 좀 열심히 공부할 걸 그랬다 제니. 제니는 애써 침착하게 외국인 친구인 꾸러기에게 도움을 청하려고 스마트 워치로 대화를 녹음했지. 한 번 더 말해 달라는 제니의 어설픈 영어에 외국인은 비웃으며 말했어.

"¿una vez más? ¡Hola! soy Peki, ¿Túeres el intérprete de la canción Michael Jackson?(한 번 더? 안녕. 나는 패키야. 당신이 혹시 마이클 잭슨 공연자야?)"

"빼…… 패키? 너 패키야?"

익숙한 이름이 들리자 제니는 앞에 있던 외

국인이 딥페이크로 모습을 바꾼 패키임을 뒤늦게 알아차리고 얼굴을 찌푸렸어.

"하하하! 너 번역기도 쓸 줄 모르니? 그러면서 이곳을 어떻게 돌아다니는 거지? 무식하면 용감하다더니 알 만하다, 알 만해."

무례한 말에 제니는 돌처럼 굳었어. 분했지만 사실이었거든.

"Aquísólo pueden entrar personas invitadas. ¡Sal de Aquí eniende!(여기에는 초대받은 사람들만 들어갈 수 있어. 나가 얼른!) 지금 내가 한 말이 무슨 뜻인지도 모르면 여기에 있을 자격이 없으니 퀘스트는 포기하시지?"

"너 날 모르는구나? 내가 이 정도에 포기할 것 같아?"

"퀘스트 의도를 알아차리긴 한 거야? 뭐 알아봤자 할 수 있는 일은 아무것도 없겠지만. 풋!"

밉살스럽게 어깨를 으쓱인 패키에게 제니도 지지 않고 받아쳤어. 뒤에서 팸플릿을 보던 케이는 제니 주변의 소란을 알아채고 달려왔어.

"잠깐만요. 무슨 일이시죠?"

"¡Hola(안녕!)!"

제니 앞의 외국인이 케이에게 인사했어. 제니와 다르게 케이가 여유롭게 인사하자 외국인의 모습에서 슬쩍 제 모습을 드러낸 패키가 얄미운 웃음을 날렸어. 그제야 케이도 외국인의 정체를 알아챘지.

"너! 자꾸 우릴 방해해서 어쩌겠다는 거야?"

"레기맨은 내 능력과 가능성을 알아보고 너희를 검증할 역할을 내게 맡겼어! 그건 왜 인정하지 못하지? 늘 2등만 하던 내가 레기맨에게 너보다 더 인정받았다니까 불안해?"

케이는 이미 패키를 돌이킬 수 없다고 생각했어. 패키는 제니가 알아들을 수 없는 외국어로 다시 빠르게 이야기했지.

"De todos modos, estoy buscando a un cantante de Michael Jackson. Si hacemos una actuación. Y Si actuáis y tocan a la gente con tus conciertos, la misión tendráéxito. ¡Entonces no puedo dejar eso en paz! ¡Adios amigos!"

의미심장하게 웃은 패키가 품에서 패드를 꺼내 제니와 케이의 앞에서 버튼을 누르지 뭐야? 쿵 소리와 함께 두 사람이 선 땅이 푹 꺼지고 말았어! 세상에, 패키의 함정에 빠진 제니와 케이를 어쩌지? 찢어지는 비명과 함께 둘은 밑으로, 밑으로 떨어져 내렸어. 그렇게 떨어진 곳은 딥페이크랜드의 깊고 어두운 지하실이었어.

"딥페이크랜드의 지하실은 미로야. 그곳을 빠져나오기란 쉽지 않을걸? 둘이 그 안에서 평생 잘해 보라고!"

제 계획대로 되어 가자 신이 난 패키는 어깨를 들썩이며 춤을 추었어. 한편 밑으로 떨어진 제니와 케이는 퀘퀘한 바닥에서 간신히 정신을 차렸어. 온통 어두운 통에 앞을 구분하기 어려웠지.

먼지를 털며 주변을 살폈지만 어디가 어디인지 알 수 없잖아!

얼마나 시간이 지났을까? 눈이 어둠에 익숙해졌을 때쯤 바닥에 떨어진 돌 하나가 보였어. 제니는 그 돌을 들고 오른쪽 벽에 서서 케이를 바라보았어. 벽이라고 생각하는 곳에 돌을 긁었더니 하얗게 선이 그어지지 않겠어?

'됐다, 이거면!'

"케이, 돌로 벽면에 표시하면서 길을 찾아가자. 벽에 그려진 선을 따라가면 같은 곳을 맴돌지 않고 나갈 수 있을 거야."

제니가 오른쪽 벽에 돌로 선을 그으며 앞으로

걸어가자 케이는 제니의 뒤를 쫓아 걸었어. 생각보다 복잡한 미로를 빠져나오기란 쉽지 않았지. 돌고 돌아 제자리로 오기 일쑤였거든. 하지만 제니가 벽에 그은 선 덕분에 지나온 길과 지나오지 않은 길을 구분할 수 있었어.

"이제 남은 길은 가지 않은 이 길밖에 없어. 이렇게 코너를 돌면 …… 케이, 오고 있지? 까악!"

제니는 케이가 잘 따라오는지 뒤를 보며 코너를 돌다가 반대쪽에서 다가오는 무언가와 부딪혔어.

"对不起, 没有受伤吗(미안해요. 다친 곳 없어요?)?"

부딪힌 사람은 중국 사람이었어. 제니는 중국어를 하지 못했지만 종종 봤던 중국 영화와 드라마 덕분에 상대방이 하는 말이 중국어인

줄 알았던 거야.

"아…… 아임 오케이. 하오하오."

"啊, 你们是韩国人啊?(아, 당신들 한국 사람이군요?)?"

중국 사람은 귀를 만지작거리더니 능숙하게 한국어로 말했어.

"당신들 한국 사람 맞죠? 한국어로 말할게요. 우선 미안해요. 내가 앞을 보고 걸어야 했는데."

"맞아요. 우린 한국 사람이에요. 그런데 여긴 왜 있는 거예요?"

"안녕하세요. 저는 왕첸이라고 해요. 엘리시움의 딥페이크랜드 지하실 미로에는 빠지거나 길을 잃고 갇힌 사람들이 종종 있었어요. 이런 사고를 막으려고 레기맨은 정기적으로 나를 포함한 순찰대를 보내거든요. 미로를 헤매는 당신들을 찾아서 정말 다행이네요!"

"그나저나 왕첸, 한국어 실력이 엄청난데요?"

"인공지능 번역 프로그램만 설치되어 있으면 누구나 다양한 언어를 듣고 쓸 수 있죠. 저도 현실 세계에서는 중국어밖에 못해요."

"인…… 공지능 번역? 그게 뭐예요?"

제니가 묻자 왕첸이 귀에 꽂은 이어폰을 만져 창을 연 뒤 인공지능 번역 프로그램 [Quick Drop]을 제니와 케이에게 보냈어.

"이 프로그램을 설치하세요. 딥페이크랜드에서 글로벌 이벤트에 참여하면 받을 수 있는 체험판 프로그램이에요. 이곳에 온 지 얼마 되지 않았나 봐요. 조금 전 보낸 번역 프로그램을 쓰면 외국인과 대화할 수 있어요. 이어폰이나 시스템 창의 메뉴로도 쓸 수 있고요."

왕첸은 인공지능 번역이 무엇인지, 프로그램을 어떻게 쓸 수 있는지 제니와 케이에게 이해하기 쉽게 설명해 주었어.

"인공지능 번역기는 이미 학습한 다양한 언어를 바탕으로 음성이나 이미지 등을 통해 빠르게 알아차려요. 우리가 원하는 **자연어**로 알려 주기도 하고요. 그것도 실시간으로 말이죠. 확인해 보세요. 내 말이 진짜인지 아닌지."

스마트워치에 인공지능 번역 프로그램을 설치한 제니에게 왕첸이 중국어로 노래했어. 정말 왕첸이 하는 말 그대로잖아! 케이는 시스템 창을 통해서 한국어로 번역된 가사들을 볼 수 있었어. 제니도 스마트워치를 통해서 번역된 내용을 눈으로 보고 있었지.

"와! 진짜 한국어로 바로 바꾸어서 들려주고 보여 주네!"

왕첸의 노래를 번역해 주는 스마트워치에 귀를 기울이던 제니는 번역 기술에 다시 한번 깜짝 놀랐어.

"더 신기한 걸 보여 줄까요?"

왕첸이 하는 중국어는 스마트워치의 홀로그램과 시스템 창의 자막으로 번역되어 나타났어. 음성을 볼 수 있게 글로 나타낸 거야.

"와! 듣지 못하는 사람들도 이해할 수 있겠는데요?"

"맞아요. 회의나 인터뷰에서도 대화한 내용을 문서로 기록할 수 있어요. 수업을 들을 때 공책에 일일이 쓰지 않아도 되죠!"

자연어(Natural Language) _사람들이 생활에서 쓰는 언어.

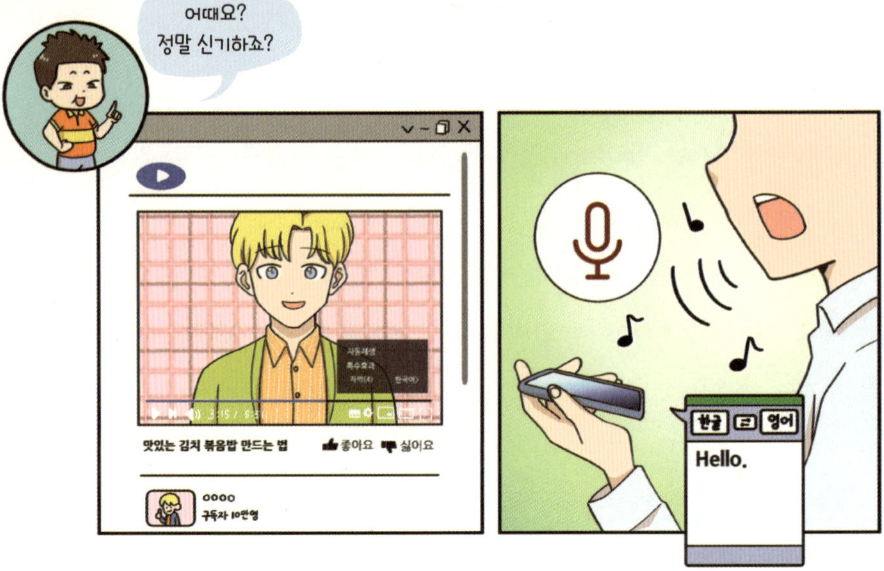

"학급 회의 할 때 쓰지 않아도 된다니 정말 꿈만 같다."

"누구보다 빠르고 정확하게 기록해 줄 거예요. 인공지능 번역 프로그램만 있으면 사진에 있는 언어들도 번역할 수 있어요."

인공지능 번역 프로그램을 스마트글래스에 연동한 케이가 공연장에서 주운 팸플릿을 펼쳐보자 적힌 외국어가 모두 번역되었어.

"정말 번역이 되네! 글씨체도 자연스러워! 어디 보자…… 전설의 가수. 그 콘서트장에서 전설의 가수들을 재연하는 공연이 열리는 게 맞나 봐. 아까 패키가 알아듣지 못하는 말로 뭔가 이야기했잖아. 그때 이 프로그램만 있었어도!"

아쉬워하는 케이에게 제니가 스마트워치를 내밀며 말했어.

"패키가 하는 말을 몰라서 꾸러기한테 물어보려고 녹음했었어!"

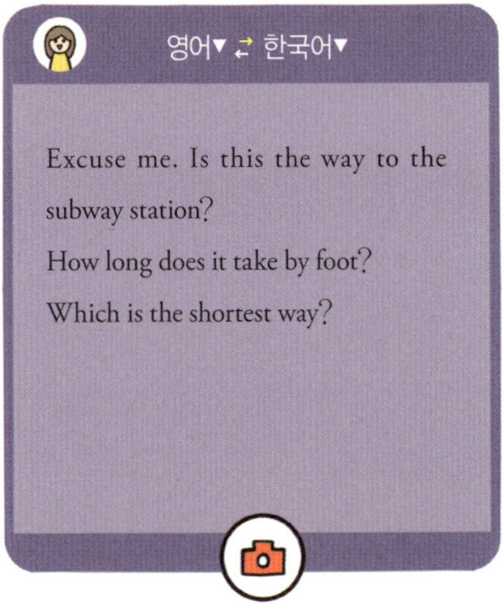

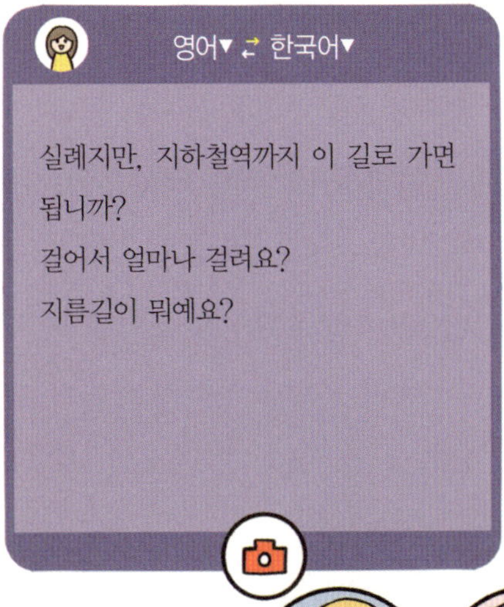

순식간에 표정이 밝아진 케이는 녹음 파일을 열고 스마트글래스의 인공지능 번역 프로그램을 실행했지.

“어쨌든 우리는 마이클 학손의 공연을 할 가수를 구하고 있어. 혹시 너희가 공연해서 사람들을 감동시키면 퀘스트에 성공하는 거잖아? 그걸 내가 가만히 둘 수는 없지!”

패키의 말에서 답을 찾았지만 케이는 다시 고개를 갸웃했어.

“마이클 학손? 전설의 가수 가운데 마이클 학손이 누구지?”

“혹시 마이클 잭슨 아냐? 마이클 잭슨이야말로 전 세계 팝의 전설이니 딱 맞잖아! 마이클 잭슨을 감추려고 스페인어 발음인 마이클 학손으로 이름을 읽었는지도 몰라."

"그나저나 마이클 잭슨은 이 세상 사람이 아닌데 도대체 어떻게 공연한다는 거지? 아, 잠깐! 딥페이크랜드인 이곳에서 마이클 잭슨을 딥페이크 기술로 완벽하게 만들면?"

"전설의 가수 마이클 잭슨의 무대라면 감정이 메마른 엘리시움 사람들도 감동하겠지? 좋았어, 어서 콘서트장에 가자!"

기뻐하는 제니와 달리 케이는 심각한 표정으로 고개를 저었어.

"퀘스트 해결 방법을 알았지만 아직 갇혀 있잖아. 콘서트장으로 가는 길도 모르고."

두 사람의 말을 듣던 왕첸이 환히 웃으며 말했어.

"걱정하지 마세요. 제가 출구를 아니까요. 콘서트장으로 가려면 왼쪽으로만 꺾어 올라가세요. 그럼 출구가 나와요. 여러분, 행운을 빌어요!"

왕첸과 헤어진 케이와 제니는 서둘러 콘서트장으로 향했어. 그렇게 얼마를 걸었을까? 앞에 출구가 보이지 않겠어?

"저기가 왕첸이 말한 출구 같아!"

빛이 새어 나오는 곳에 가까워지자 제니와 케이는 문을 힘껏 밀었어. 눈앞에 나타난 곳은 딥페이크 콘서트장의 뒤쪽과 이어져 있었지.

"패키 녀석, 우리가 돌아온 걸 알면 깜짝 놀랄 거야!"

숨을 헐떡이던 케이가 씨익 웃더니 제니에게 말했어.

"패키의 코를 납작하게 해 주자고! 한 시간 뒤에 공연 시작이라니 전설의 가수를 제대로 준비해야겠어. 아, 우리도 참가 신청을 하고!"

케이는 비어 있는 공연 참가자의 순서를 클릭하며 빠르게 신청을 마쳤어. 그 곁에서 시스템 창의 메뉴를 살펴본 제니가 물었어.

"음성 딥페이크로 마이클 잭슨의 목소리를 재현할 수 있겠지?"

"마이클 잭슨의 여러 노래를 학습한 인공지능 프로그램이잖아. 딥페이크 기술로 실제처럼 노래하게 할 거야."

"딥페이크랜드에서 보았던 건 모습을 바꾸는 이미지 딥페이크 기술이 대부분이었는데 음성 딥페이크 기술도 비슷한 원리구나!"

"데이터가 많을수록 더 정확하게 분석하듯이 학습할 수 있는 노래가 많을수록 원래 가수의 목소리처럼 만들 수 있을 거야."

마이클 잭슨의 노래들을 다운로드해서 준비하려던 제니는 문득 떠오른 한 가지 의문에 잠시 머뭇거렸어. 세계 프로그래밍 대회 우승자인 케이의 자존심을 건드릴 수 있는 의문이었거든.

"저기, 혹시나 해서 말이야. 너 딥페이크 프로그램 쓸 수 있지?"

"걱정 마. 실행시키면…… 아, 확장판!"

예상하지 못한 케이의 비명에 제니의 표정이 와락 구겨졌어.

"너 딥페이크랜드에 먼저 와서 개별 퀘스트 성공하고 프로그램 받지 않았어? 막 다른 모습으로 바뀌고 그랬잖아!"

"그건 이미지 딥페이크 체험판으로 했지. 내가 받은 퀘스트 보상 프로그램은 이미지만 바꿀 수 있거든. 음성은…… 안 돼!"

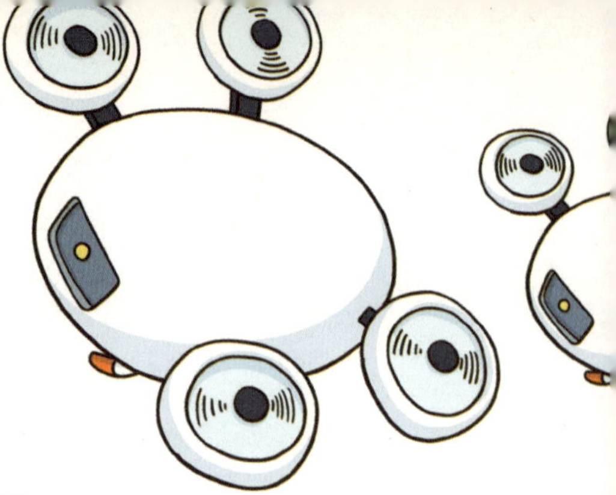

잘 보라는 듯 케이가 딥페이크 프로그램을 실행해 [딥페이크 음성 만들기] 버튼을 클릭했어. 아니나 다를까 음성 만들기를 하려면 매직 스크롤로 **업그레이드**한 확장판이 필요하다는 안내가 뜨지 않겠어?

"매직 스크롤을 어디에서, 어떻게 찾으란 소리야! 스크롤을 찾아도 딥페이크 음성 학습을 하기에도 시간이 부족한데!"

넋이 빠진 제니가 풀썩 주저앉았어. 이런, 누구도 생각하지 못한 위기야. 어쩌지? 어떡해야 하는 거야? 그때 하늘에서 위잉, 기계 소리가 들리지 않겠어? 소리의 정체는 장난스럽게 지그재그로 비행하는 꾸러기의 드론이잖아! 빠르게 내려온 드론이 무언가를 떨어트리자 제니는 날쌔게 낚아챘어. 세상에, 매직 스크롤이야!

"매직 스크롤이 필요한 시점에 딱 맞췄네!"

꾸러기는 제니의 도움으로 대나무 숲에서 찾은 이스터 에그, 매직 스크롤을 친구들에게 보낼 방법이 없었어. 대나무가 울창해 드론을 날리기 어려웠거든. 하지만 포기하지 않고 숲에서 아무런 장애물 없이 드론을 내려다보며 조종할 수 있는 높은 곳을 찾아냈어. 제니가 위치를 알려 준 덕분에 서둘러 드론을 보낼 수 있었지. 하지만 패키의 함정에 걸린 두 사람의 통신이 끊기자 또 헤매야 했지만 말이야.

업그레이드(Upgrade) _이전보다 뛰어난 기능으로 바꾸는 일.

딥페이크 프로그램 실행 방법 매뉴얼

① 원본 A와 합성할 B의 이미지나 음성을 준비합니다.

② 오토인코더에 A와 합성할 B를 각각 학습시킵니다.

③ 합성한 오토인코더의 디코더를 바꿔 프로그램을 실행합니다.

④ 프로그램을 마친 뒤 딥페이크 결과물을 확인합니다.

둘이 딥페이크랜드의 지하실 미로를 빠져나오고서야 제니의 위치를 찾을 수 있었으니 얼마나 다행이야? 꾸러기는 드론을 조종하면서 친구들을 생각했어.

'이 매직 스크롤이 다음 퀘스트에 필요할 거야. 힘내 제니, 케이!'

제니와 케이가 매직 스크롤을 시스템과 연동하자 딥페이크 프로그램 실행 방법이 친절하게 나타났어.

'이제 됐어! 전설의 가수를 만들어 낼 수 있겠는데?"

제니는 하늘을 나는 드론을 보며 엄지를 들어 올렸어. 꾸러기도 이렇게 할 때는 한다니까? 꾸러기 덕분에 이제 음성-이미지 딥페이크도 문제없이 만들 수 있어! 안도의 한숨을 내쉬는 제니와 케이에게 공연이 시작되기 30분 전임을 알리는 창이 나타났어. 이제 준비를 서둘러야 할 때야.

둘은 역할을 나누어 딥페이크 영상을 만들기로 했어. 먼저 제니는 스마트워치로 마이클 잭슨의 공연 모습이 담긴 영상들과 사진 자료들을 모았어. 마이클 잭슨의 춤도 여러 각도에서 촬영한 자료들을 찾아 딥페이크 프로그램에 학습시켰지. 케이도 제니가 받아 둔 마이클 잭슨의 노래들을 스마트글래스에 학습을 시킨 뒤 딥페이크 프로그램으로 목소리를 만들었어. 전설의 명곡들을 학습할수록 마이클 잭슨의 목소리는 더 진짜 같았어.

모든 준비를 마친 둘이 무대 위에 설 차례야! 무대에 오르기 전 둘은 단단히 기합을 넣었어. 준비하느라 앞선 참가자들의 무대를 보지 못했는데 어느새 둘의 차례가 왔나 봐. 다음 출연진이 제니와 케이라는 사실을 꿈에도 모르던 패키는 나갈 준비를 하는 대기자를 보고 깜짝 놀랐어.

'어떻게 지하 미로를 빠져나왔지? 분명 그곳에 가뒀는데.'

"너희 정말 끈질기구나. 그 노오력은 알아주지."

"고마워. 이제 우리의 '마이클 잭슨' 무대나 잘 지켜보시지!"

패키는 제니가 한 말을 듣고 한 번 더 깜짝 놀랐어.

'전설의 가수가 마이클 잭슨인 줄 어떻게 알아냈지? 치…… 침착해, 패키. 전설의 가수를 알아냈어도 제대로 만들지 못하거나 사람들을 감동시키지 못하면 걔들은 실패라고!'

패키는 제니와 케이가 성공할 무대가 아니라는 생각에 애써 마음을 다스렸어. 곧 벌어질 우스꽝스러운 무대를 마음껏 비웃어 주겠노라며 웃음을 꾹 참은 채 관리 시스템을 조작해 콘서트장에 방송했지.

"다음은 지루해하실 여러분을 위해 준비한 개그 무대가 이어집니다. 마음껏 비웃어 줄 준비, 되셨나요? 보다 나가셔도 괜찮습니다!"

패키의 악담이 아니더라도 사람들은 여전히 무표정하게 제니와 케이를 쳐다보고 있었어. 그러다 무대에 선 둘이 순식간에 마이클 잭슨 두 명으로 마법처럼 바뀌자 사람들이 조금씩 수군거리지 뭐야? 그 모습에 깜짝 놀란 패키는 양손으로 머리를 틀어쥐었어.

"말도 안 돼! 이미지와 음성까지 만들 확장판은 어떻게 얻었지? 꾸러기 녀석은 퀘스트 장소를 헤매고 있을 텐데?"

당황으로 어쩔 줄 모르는 패키에게 잠시 뒤 더 놀라운 일이 벌어졌어. 마이클 잭슨 두 명이 감미롭게 노래하고 환상적인 춤을 선보이자 사람들의 반응이 달라지고 있었거든. 때로는 빠르게, 때로는 잔잔하게, 때로는 웅장하게, 때로는 가볍게 무대를 주무르던 전설의 공연이 살아난 거야! 곡이 끝나자 콘서트장은…….

'급하게 준비해서 공연이 별로였나?'

숨 막히는 고요에 당황한 제니가 케이를 향해 고개를 돌릴 때였어.

짝…… 짝짝…… 짝짝짝짝!

점점이 들리던 박수와 함께 여기저기에서 훌쩍이며 눈물 훔치는 소리, 탄성까지 들려왔어. 엘리시움 사람들의 가슴에 이루 말할 수 없는 무언가가 벅차올랐기 때문이야. 콘서트장에 있는 모두가 똑같이 느끼는 한 가지. 살아난 전설을 마주한 사람들은 모두 맞추기라도 한듯 함성을 지르고 있었지.

"제니, 공연은 대성공인가 봐!"

케이가 제니에게 윙크하며 인사를 건넸어. 예상치 못한 결과에 울그락불그락해진 패키가 무대로 올라오며 소리쳤어.

"어떻게 전설의 무대를 성공했지? 이건 말도 안 돼! 스페인어도, 퀘스트가 뭔지도 제대로 몰랐잖아!"

패키의 말을 들은 제니가 태연스럽게 말했어.

"¡Yo también puedo usar el traductor. No nos ignores!(나도 번역기를 쓸 수 있어. 그만 무시하시지!)"

"네가 어떻게……?"

분했지만 패키는 제니와 케이를 방해하는 데 또 실패하고 말았어. 감동한 엘리시움 사람들을 보아하니 퀘스트 결과는 뻔하지 않겠어?

"패키, 이제 그만 네 패배를 받아들여."

케이의 나지막한 목소리에도 일그러진 패키의 얼굴은 펴질 줄 몰랐어. 다시금 둘을 향해 소리치려는 순간. 제니와 케이에게 알림 소리와 함께 메시지가 담긴 창이 나타났어.

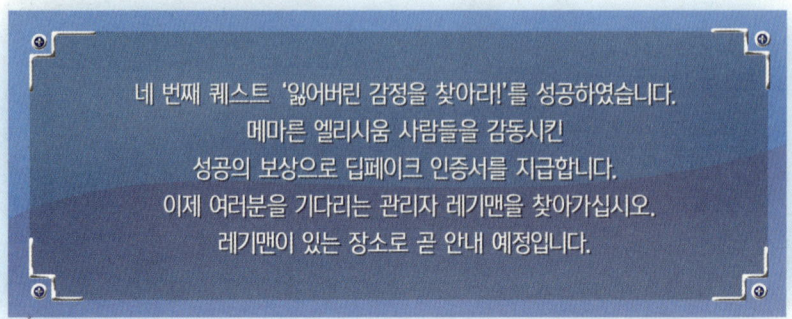

네 번째 퀘스트 '잃어버린 감정을 찾아라!'를 성공하였습니다.
메마른 엘리시움 사람들을 감동시킨
성공의 보상으로 딥페이크 인증서를 지급합니다.
이제 여러분을 기다리는 관리자 레기맨을 찾아가십시오.
레기맨이 있는 장소로 곧 안내 예정입니다.

"끝이라고 생각하지 마. 다음 퀘스트에서 끝장을 내줄 테니까!"

씩씩거린 패키는 떨어트린 패드를 주워 무언가를 입력해 다시 어딘가로 사라졌어.

"딥페이크 인증서도 얻었겠다 다양한 딥페이크 기술을 사용할 수 있으니 다음 퀘스트도 문제없을 거야!"

들뜬 케이가 제니의 손을 잡고 말했어. 어머나, 케이! 너 제니 손을 잡은 거 이번이 두 번째야. 학교 여자애들 누구도 케이와 손잡은 적은 없다던데 제니는 정말 좋겠네! 어쩐지 머쓱해진 제니는 시선을 돌렸어. 그제야 무슨 행동을 했는지 알아챈 케이가 헛기침했지. 머리칼에 가려진 잘생긴 두 귀가 벌개졌지만 케이는 잡은 제니의 손을 놓지 않았다나 뭐라나?

6장

인공지능 번역 기술을 알아보자

인공지능은 다음과 같은 종류로 사람들의 언어를 옮겨 줘요. 음성을 듣고 사람들이 원하는 언어로 바꿔 주기도 하고요. 사진 속 글자를 인식해 사람들이 원하는 언어로 옮겨 주기도 한답니다. 이와 같은 인공지능 번역은 기계 번역과 인공 신경망 번역으로 나뉜답니다.

기계 번역

번역하고 싶은 문장을 입력하면 단어나 구로 쪼개어 규칙에 따라 맞는 단어나 구를 만들어 번역해요. 초창기 번역기에서 많이 쓰였던 이 방법은 데이터가 충분하지 않은 언어이거나 자주 쓰지 않는 단어 또는 자유로운 말투를 쓰면 어색하게 번역되는 단점이 있어요.

인공 신경망 번역

번역을 위해 여러 데이터를 스스로 학습하여 문법이나 어순 등의 규칙을 직접 만드는 기술로 많이 쓰여요. 스스로 학습하기 때문에 문장 전체를 살피고 흐름을 따져서 가장 알맞은 문장으로 번역해 줘요.

구글 번역기	네이버 파파고
G 文	papago

소리를 글로 바꾸어 주는 기술과 글을 소리로 바꾸어 주는 기술을 '인공지능 음성 기술'이라고 해요. 인공지능 스피커는 물론이고 사람의 목소리를 기계 학습하여 자동으로 비슷한 목소리로 글을 읽어 주는 어플들도 많이 나오고 있답니다.

음성 기술의 예

MNET 〈다시 한번〉	SBS 〈세기의 대결 AI vs 인간〉	〈아빠의 동화 App〉
인공지능 음성 기술로 부활한 시대와 세대를 뛰어넘은 인공지능 음악 프로그램	개발된 인공지능과 각 분야의 최고 전문가 인간의 자존심을 건 대결 프로그램	사용자의 목소리를 학습하여 동화책을 자연스럽게 읽어 주는 오디오 앱

인공지능을 통해 음성을 인식하고 문자로 바꾸어 기록하는 다음과 같은 프로그램도 있어요.

삼성 빅스비	구글 시리	네이버 클로바
Bixby	Siri	

영상에 나오는 소리를 인공지능으로 분석하고 문자로 바꾸어 자막을 만들어 주는 프로그램도 있답니다.

자동 자막 프로그램	
다운캡	VREW
downcap	Vrew

7

마지막 대결, 법정의 최종 승자는?

제니는 케이가 먼저 제 손을 잡고 한참이나 걸었다는 순간이 떠올라 마음이 들떴어. 제니, 곧 레기맨이 있는 곳으로 향할 텐데 무슨 생각을 하는 거야? 계속 정신 안 차리면 큰일 난다, 너.

"……보여 줘!"

상상에 빠져 있느라 케이가 하는 말을 제대로 듣지 못한 제니가 허둥대며 물었어.

"어? 뭐, 뭘? 뭘 보여 달란 거야?"

"무슨 말이야? 시스템 창을 보여 달라고 음성 명령을 했는데?"

"아…… 미, 미안. 잠깐 중요한 생각을 좀 하느라……."

"중요한 생각? 혹시 퀘스트와 관련 있어?"

헛다리를 짚은 제니는 빨갛게 달아오른 얼굴로 말을 얼버무렸어. 거봐, 저럴 줄 알았다니까. 당황하는 제니를 보고도 별수롭지 않게 여긴 케이는 마지막 퀘스트를 꼼꼼히 살펴봤어.

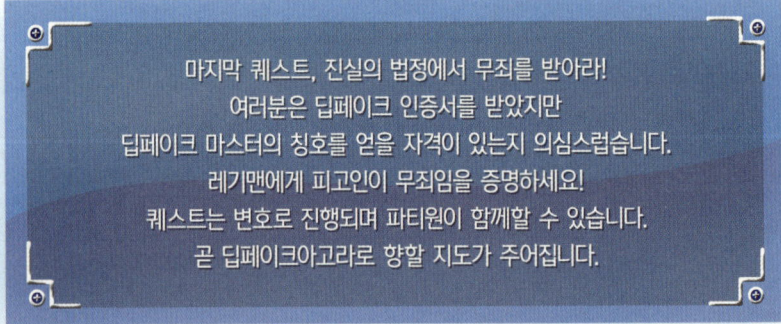

마지막 퀘스트, 진실의 법정에서 무죄를 받아라!
여러분은 딥페이크 인증서를 받았지만
딥페이크 마스터의 칭호를 얻을 자격이 있는지 의심스럽습니다.
레기맨에게 피고인이 무죄임을 증명하세요!
퀘스트는 변호로 진행되며 파티원이 함께할 수 있습니다.
곧 딥페이크아고라로 향할 지도가 주어집니다.

"법정? 그리고 레기맨 앞에서 변호한다고?"

두 사람은 주어진 퀘스트에 어리둥절했어. 제니가 옆에서 퀘스트를 다시 보려는 순간, 스마트워치가 몇 번 깜빡이더니 희미한 홀로그램 입체 지도가 나타나지 않겠어? 최종 퀘스트 장소, 딥페이크아고라의 위치를 알려 주는 지도인가 봐.

"지도가 희미해서 잘 안 보여. 워치가 고장 났나?"

"제니, 진실의 눈을 써 보자."

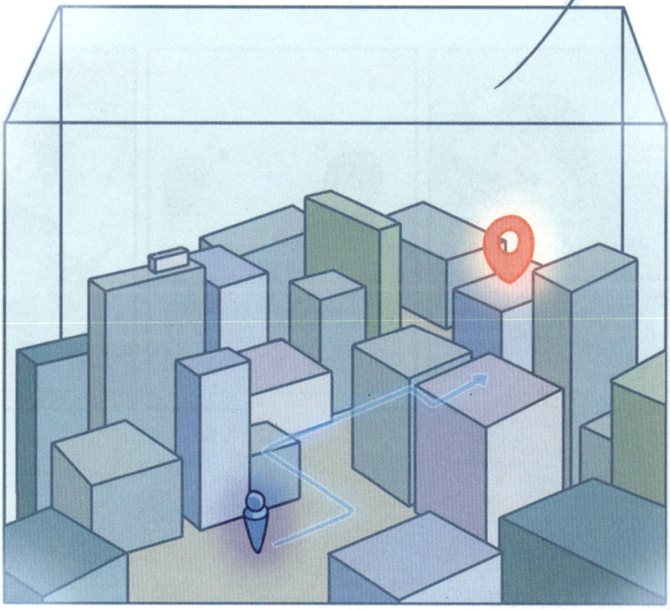

제니는 보상으로 받은 진실의 눈을 한쪽 눈에 가져갔어. 뿌옇던 입체 지도가 선명해지더니 제니와 케이가 있는 곳부터 딥페이크아고라까지의 최단 거리가 화살표로 그려졌어. 선명해진 지도를 보며 망설임 없이 달려 도착한 그곳은…….

"여기라고? 제대로 안내해 준 거 맞아?"

거미줄로 뒤덮인 낡아빠진 현판에 '딥페이크아고라'라고 적힌 건물이 목적지라니. 최첨단 기술로 만들어진 엘리시움의 신기한 건물들과 동떨어진 모습이라 어쩐지 잘못 찾아온 것은 아닌가 싶지 뭐야? 뾰족한 지붕에 낡고 금이 간 벽돌들, 출입문은 손잡이 부분이 녹슬었고 창틀에도 거미줄이 가득해서 얼마 안 있어 곧 쓰러질 것 같았어!

음침한 분위기에 들어가야 할지 망설이는 순간, 제니는 건물 벽에 새겨진 글귀를 발견했지.

“여기 뭐라고 새겨져 있는데? 어디 보자. ‘진실의 눈을 가진 자만이 올 수 있는 곳. 당신이 딥페이크 마스터에 도전할 자격이 있는지 이곳에서 증명하라’라니? 제대로 찾아온 모양이니 어서 들어가 보자!”

제니는 건물의 문을 조심스레 밀어 보았어. 끼익. 소름 끼치는 소리가 텅 빈 건물에서 더 크고 무섭게 울려 퍼졌어. 눈앞에 길게 뻗은 긴 복도의 벽에는 사진들이 걸려 있었어. 어어? 잠깐 이거 뭐야? 자세히 보니 사진에 나온 인물들이 모두 케이잖아?

‘저 표정들은 다 뭐야? 정말 뒤에서 다른 애들을 괴롭히고 다녔다고? 두 번째 사진은…… 아, 열 받네? 이 사진들 진짜냐고!’

깜짝 놀란 케이는 다시 사진을 쳐다보고 어이없다는 듯 두 눈이 흔들리며 한숨을 쉬었어. 조금씩 무시무시한 기운을 내뿜는 제니에게서 심상치 않음을 느껴 선수 치듯 먼저 말을 꺼냈지.

“제니, 딥페이크랜드에서 진짜와 가짜를 숱하게 봤잖아. 저 사진들이 정말 ‘나’라고 생각해?”

충격을 받은 제니의 머릿속으로 서바이벌 탑의 퀘스트가 스쳐 갔어. 이 사진들도 딥페이크인가, 하고 말이야.

“사진들이나 정보를 모아서 딥페이크 기술을 이용하면 충분히 이 정도 조작은 할 수 있지. 프로그래밍하기도 바쁜데 내가 이런 짓들을 왜 해? 그나저나 당황스러울 만큼 진짜 같다.”

“딥페이크 기술을 이렇게 나쁘게 쓰다니, 말이 돼? 특히 두 번째 사진! 어? 내가 이 사진 보고 얼마나 놀랐는데!"

흥분한 제니의 목소리가 으스스한 건물에 쩌렁쩌렁 메아리쳤어. 그 때 날카로운 음성이 복도에 가득 울리지 뭐야?

– 너희, 여기서 뭐 해? 당장 건물 밖으로 나가!

"엇…… 네, 네! 잠깐, 어디에서 많이 들어 본 목소리인데?"

"우리 학교 호랑이 선생님, 루카스 선생님의 목소리잖아?"

"어라, 선생님도 엘리시움에 계신 거야?"

"그럴 리가! 언제 이렇게 우리 주변 인물의 정보까지 모은 거지? 대체 딥페이크로 어디까지 할 수 있는지 이제는 겁이 나."

케이의 말이 끝나기 무섭게 화상 통화를 요청하는 스마트워치의 알림이 울렸어. 통화 버튼을 누르자 홀로그램 창이 나타났어.

"꾸러기? 너 아직도 딥페이크랜드 밖이…… 아, 누구세요?"

연결되자마자 급하게 말하던 제니는 낯선 얼굴을 보고 놀랐어.

– 안녕하세요. 이번에 저를 도와주신다는 말을 듣고 기뻐서 연락을 드렸어요. 감사합니다. 그동안 얼마나 막막했는지 몰라요.

처음 보는 여자아이의 모습에 제니는 당황했어. 도와준다니 이게 무슨 말인가 싶었거든. 케이를 돌아보니 어깨를 으쓱일 뿐이었지.

– 이번에 딥페이크아고라에서 저를 변호해 주실 분들이지요?

그 말에 제니와 케이는 시선을 마주치며 고개를 끄덕였어.

"아, 네. 안녕하세요! 다른 친구의 연락을 기다리다가 그만. 하하.

먼저 무슨 일이 있었는지 설명을 부탁드려요.”

– 저는 치키라고 해요. 얼마 전에 동생이 저에게 전화해서 물건을 사러 왔는데 가상 화폐 지갑에 오류가 생겼다더라고요. 급히 돈을 빌려 달라 해서 바로 50만 엘코인을 보냈어요. 그날 저녁 동생에게 빌린 돈을 갚으라고 하니 자기는 전화한 적도, 돈을 빌린 적도 없다는 거예요. 무언가 이상하기는 했는데. 흑, 영문을 모르겠어요.

‘아, 딥페이크 사기인가?’

제니와 케이는 치키의 이야기를 들으며 생각했어.

– 50만 엘코인이 누군가에게는 작은 돈이겠지만 제게는 열심히 모은 소중한 돈이에요. 돈을 잃은 것도 분하지만 이 일을 당한 게 다 제 탓이라며 나무라는 사람들 때문에 더 억울해요. 제발 도와주세요. 이대로는 꼼짝없이 엘리시움에서 손가락질을 당하다가 영영 추방될지도 몰라요.

제니는 치키에게 노력하겠다고 말한 뒤 통화를 마쳤어.

“케이, 아무래도 딥페이크에 당한 것 같지? 여기 들어오자마자 네 사진에, 루카스 선생님 목소리까지 정신이 없었는데 생각해 보니 이 모두가 법정에 들어가기 전, 미리 말해 주는 단서들 같아.”

“딥페이크를 나쁘게 사용했는데, 당한 사람이 잘못했다고 몰아가다니. 일단 여기서 자료 조사부터 해 보자. 나는 딥페이크 피해 사례들을 조사해 볼게. 제니, 너는…….”

무엇을 부탁할까 고민하던 케이에게 제니는 다 안다는 듯 찡긋 윙크하며 오른손의 엄지와 검지를 동그랗게 말아 보였어.

“난 딥페이크 관련 예방 방법 등을 찾아볼게. 변호를 지켜보는 사람들도 예방법에 관심을 가질 수 있도록 말이야!”

제니, 말하지 않아도 무엇이 필요한지 알아서 척척 움직여 주는구나! 엘리시움에 처음 왔을 때와 다른 모습이라니, 정말 멋져! 믿을 수 있는 동료와 함께라는 생각에 든든해진 케이는 저절로 웃음이 나왔어. 둘이 호흡을 맞춰 진행하던 조사를 마무리할 때쯤 다시 알림이 울렸어. 첫 퀘스트를 허둥대며 하던 때와 다르게 조사한 자료를 여유 있게 정리하는 모습이 능숙한 관리자 같은걸? 자, 이제 두 사람이 치키를 멋지게 변호할 차례야!

“케이, 주먹 쥐어 봐.”

케이가 시키는 대로 주먹을 쥐자 제니는 자신의 주먹을 부딪히며 파이팅을 외쳤어. 이에 질세라 케이도 힘차게 파이팅을 외쳤지. 단단히 기합을 넣은 둘이 어두운 통로를 지나오자 넓은 법정이 보였어. 제일 먼저 법정에 들어선 제니와 케이는 주변을 둘러보았어. 판사석처럼 보이는 탁자를 기준으로 양쪽에 또 다른 탁자들과 의자들이 서로를 마주보며 놓여 있었어. 제니와 케이는 피고인석에 자리를 잡은 뒤 호출한 치키를 홀로그램으로 연동해 두었어.

자, 맞은편에 앉을 상대는 누구일까? 제니가 마른침을 삼킬 때 반대쪽 문이 열렸어.

"너…… 너는?"

뭐야, 상대가 패키였어? 한쪽 입꼬리를 올린 패키는 맞은편으로 당당히 들어왔어. 제니와 케이는 짜증스럽다는 듯 고개를 저었지.

"아고라의 요란한 환영 이벤트에도 안 도망치다니 제법인데? 근데 너 그런 사진들을 보고도 케이를 믿어? 거기다 루카스 선생님께서 건물에서 나가라고 호통치는 데도 어지간히 말을 안 듣는구나? 쯧!"

"대체 아고라에 무슨 짓을 한 거야 너!"

질색하는 케이를 보면서 패키는 여전히 빈정거렸어.

"말했잖아. 아고라의 환영 이벤트라고. 뭐, 루카스 선생님 목소리는 내가 만들긴 했지만 말야. 이제 여기에서 정말 안녕하자! 지겹다, 정말!"

제니와 케이가 맞받아치려는 순간 판사석에서 무언가 나타났어. 비어 있던 청중석에도 홀로그램이 나타났지.

- 반갑습니다. 엘리시움의 관리자, 레기맨입니다.

"그러고 보니 레기맨에게 피고인의 무죄를 증명하라고 했지?"

청중석의 사람들은 선명했지만 레기맨은 오로라처럼 영상이 일렁이듯 떠오르며 흐릿한 형태와 함께 음성이 나왔어. 레기맨을 볼 수 있을지도 모른다고 생각했던 케이와 제니는 조금 실망스러웠지.

- 오늘 사기를 당했다고 주장하는 인간의 법정이 열립니다. 법정의 주제는 '치키의 억울함은 정당한가?'입니다. 원고인 검사 측은 딥페이크랜드 관리자 패키와 휴머노이드가 맡습니다.

“말도 안 돼. 관리자 자격에, 휴머노이드까지 함께라면 다루는 정보량이 다르잖아! 게임이 안 되는데요? 패키는 정당하지 못하게 관리자가 됐다고요!”

의기양양해하는 패키를 보며 항의하는 제니를 도와 케이도 의견을 보탰지만 레기맨은 어떤 이의도 받지 않았어.

- 딥페이크랜드에서 생긴 사건은 관리자가 맡는 것이 원칙입니다. 어떻게 관리자가 됐든지요. 법정에서 논리로 승부하십시오. 더 이상의 이의는 퀘스트 실패로 간주합니다. 이제 치키의 변호를 시작하죠.

레기맨은 치키에게 있었던 일을 재구성한 홀로그램 영상을 보여 줬어. 영상이 끝나자 제니가 힘차게 손을 들었어.

“영상에서 보았듯이 치키는 딥페이크 기술을 나쁘게 활용한 사람에게 당한 피해자입니다. 저희는 치키의 억울함을 주장합니다.”

“엘리시움에 왔다면 치키는 딥페이크 기술을 잘 알았어야죠. 이곳 딥페이크랜드에서 인공지능과 관련 기술을 조금이라도 공부했다면 당하지 않았을 일입니다! 피고인은 스스로의 실수와 게으름을 인정하고 딥페이크와 인공지능 공부를 먼저 해야 하지 않을까요?”

"딥페이크에 속은 것을 치키의 잘못으로만 돌리는 것은 옳지 않습니다. 딥페이크 피해를 입은 사람들의 사례를 함께 보시죠."

케이는 조사한 뉴스 영상을 모두가 볼 수 있도록 홀로그램으로 띄웠어.

"A씨는 갈등을 올바르게 해결하지 않고 딥페이크로 거짓 사진을 만들어 다른 사람들에게 보내 B씨의 명예를 훼손했습니다. 잘 모르는 사람들은 B씨를 좋지 않게 생각했고 곱지 않은 시선을 보냈죠. 덕분에 우울증까지 앓았습니다. 처벌을 받아야 할 사람은 A씨인가요, 딥페이크 기술인가요? 아니면 딥페이크로 피해를 당한 B씨인가요?"

법정이 술렁이자 언짢은 표정의 패키가 휴머노이드가 찾은 자료로 반론하려던 찰나. 케이는 틈을 주

지 않고 다음 사례를 보여 줬어.

"딥페이크 기술을 악용한 **보이스피싱** 등으로도 많은 사람이 피해를 당하고 있습니다. 속은 사람들의 탓만 한다면 딥페이크를 나쁘게 이용하는 사람들에게 날개를 달아 주는 건 아닐까요?"

케이가 말을 마치자 한 손으로 턱을 괸 채 이야기를 듣던 패키는 휴머노이드가 찾아준 다른 정보를 보고는 빙긋 웃으며 말했어.

"말씀 잘 들었습니다. 하지만 딥페이크 피해 사례가 일어나고 있다, 피해를 당한 사람의 탓을 해서는 안 된다는 주장은 이상합니다. 오늘의 주제는 모든 사람이 아니라 '치키의 억울함은 정당한가?'임을 기억해 주세요. 그리고 치키 씨의 SNS를 같이 보시죠."

이번에는 패키가 준비한 자료를 띄웠어. 치키의 SNS에는 동생과 찍은 사진과 영상이 많이 올라와 있었어.

[여기는 동생과 제가 자주 오는 놀이터예요. 오후 1시부터 3시까지 여기에 오면 저희를 만날 수 있어요. 3시 이후에는 없답니다.]

보이스피싱(Voice Phishing) _기관이나 유명 업체라고 속여 누군가의 돈이나 정보를 빼앗는 범죄.

[우리 동생에게는 독특한 말버릇이 있어요. 함께 볼까요?]

"치키는 자신의 SNS에 개인 정보들을 스스로 올렸습니다. 치키가 이 게시물을 올리지만 않았다면 딥페이크에 당했을까요? 정말 치키는 이번 일에 아무 책임이 없을까요?"

치키의 계정에서 몇 가지 영상과 게시물을 연이어 보여 준 패키가 날카로운 목소리로 말했어. 치키의 SNS를 몰랐던 제니와 케이가 당황하자 패키는 기세를 몰아 강하게 밀어붙였지.

"50만 엘코인을 보내기 전에 치키가 동생에게 한 번 더 확인하지 않은 점은 명백한 잘못입니다. 딥페이크도, 개인 정보의 중요성도 몰랐으니까요. 이 정도로 끝난 것을 다행으로 여기고 벌을 받아야 합니다."

"흠, 본인이 '개인 정보를 관리하지 못한 탓'이라고 말하고 싶은 것 같습니다. 개인 정보를 무심코 SNS에 올린 점은 아쉽습니다. 치키도 개인 정보 보호를 명심해야 해요. 하지만 개인 정보 악용에 책임을 묻는 것이 더 중요합니다. 핵심은 치키의 개인 정보를 누군가 이익을 위해 딥페이크 기술로 나쁘게 이용한 쪽이 잘못이라는 점입니다."

"맞습니다. 이건 '딥페이크 피싱 사기'라는 범죄입니다. 딥페이크 범죄로 겪은 억울함에 집중해야 한다고 생각합니다."

제니도 케이의 말에 덧붙여 말했어. 패키의 휴머노이드가 자료 찾기를 버벅이자 짜증난 패키가 책상을 치며 반론하려던 순간이었어.

- 딥페이크를 이용한 보이스 피싱 사기는 범죄 행위입니다. 이를 악용

하는 것은 누구도 정당화할 수 없는 점 인정합니다. 그렇다면 이 범죄 피해를 줄일 방법은 뭐가 있겠습니까?

"SNS에서 정보가 유출되지 않도록 철저하게 관리하면 되겠죠?"

제 의도대로 흘러가지 않는 흐름에 짜증스러워진 패키가 툭 내뱉듯 먼저 대답했어. 제니와 케이보다 먼저 방향을 말해 기선을 제압하려는 생각이었지. 제니는 준비해 둔 예방법을 공개적으로 알려 줄 수 있도록 발언하게 해 달라고 레기맨에게 요청했어.

"치키, 이런 일을 당하지 않도록 개인 정보는 주의해서 관리해야겠어요. 제가 준비한 자료를 잘 보고 새겨 주세요."

치키가 고개를 끄덕이자 제니는 정리한 딥페이크의 피해 자료를 모두에게 홀로그램으로 보여 줬어.

연예인, 정치인과 같은 유명인뿐만 아니라, 일반인들의 사진을 모아 가짜 사진을 만들어 사람들을 속여요.

개인의 목소리를 흉내 낸 딥페이크로 그 사람인 것처럼 전화해서 상대에게 금전적인 피해를 입혀요.

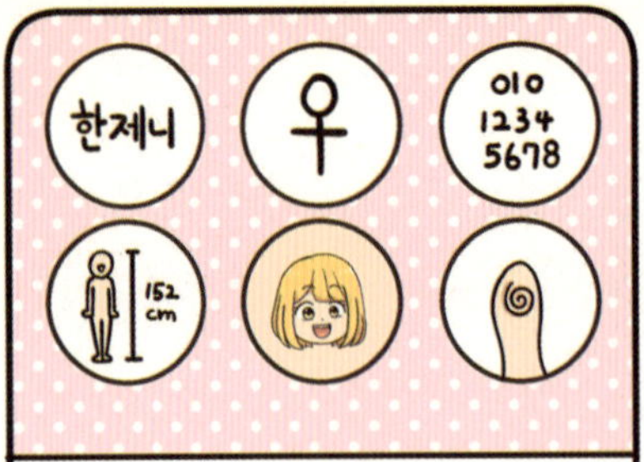

이름과 성별, 전화번호뿐만 아니라 키와 몸무게, SNS 프로필 사진, 신체 등 '나'를 알아볼 수 있는 정보는 모두 개인 정보예요.

딥페이크 기술로 유출된 개인 정보를 가짜로 만들어 주변 사람들에게 금전적, 정신적인 피해를 줄 수도 있으니 조심 또 조심!

제니는 사람들에게 공감할 수 있는 피해 자료들을 모두 전했어. 시스템을 자유롭게 다루며 자신 있게 말하는 능숙한 제니의 모습에 패키는 곧 부아가 치밀었지. 케이가 제니를 도와 여유롭게 입을 열었어.

"예방 수칙 하나, 생활에서 개인 정보 보호의 중요성을 알고 모르는 사람에게 유출되지 않도록 스스로 보호해야 해요. SNS처럼 많은 사람이 쉽게 볼 수 있는 공간에서 정보 공개는 되도록 피해야 합니다. 예방 수칙 둘, 아는 사람이라도 채팅이나 통화하다가 무리한 요구를 할 때는 상대방이 딥페이크로 만들어진 가짜인지 따져 봐야 합니다. 의심스럽다면 사는 곳이나 학교, 태어난 곳, 지인 이름처럼 그 사람만 아는 질문이 가짜 구별에 도움이 될 것입니다."

"치키의 사례와 다르지만 딥페이크로 만든 가짜뉴스 피해도 있어요. 예방 수칙 셋, 모든 정보를 사실로 받아들이기 전에는 하나하나 따져 보아야 한다는 것입니다."

제니의 모든 발언이 끝나자 홀로그램 청중들은 손뼉을 쳤어. 패키는 주도권을 빼앗긴 듯한 기분에 입술만 깨물었지.

- 대안과 관련한 이야기, 잘 들었습니다. 그렇다면 이제 판결을 위해 선고 전까지 휴정을 선언합니다.

레기맨이 판결에 들어가자 판사석이 까맣게 변했지. 결과가 나오기까지 제법 시간이 걸렸어. 째깍째깍. 시곗바늘이 지나가는 작은 소리만 들리던 때. 삐빅. 무언가 켜지는 소리와 함께 다시 나타난 레기맨의 소리가 들렸어.

- 피고인 치키는 많은 사람이 드나들며 보는 공간에서 개인 정보를 제대로 보호하지 못한 점은 분명한 사실입니다. 다만 변호인의 근거와 사례에 따라 딥페이크 기술을 악용한 상황이 더 심각하다고 여기는 바. 알고도 당할 수밖에 없는 기술이 인정되어 치키에게 무죄를 선고합니다. 더불어 엘리시움의 자유로운 접속 권리를 허용합니다. 끝으로 치키를 변호하는 데 성공한 제니와 케이는 '딥페이크 마스터'로서 정당성을 인정하겠습니다.

패키는 물 흐르듯 이어지는 레기맨의 판결을 믿을 수 없다는 듯 듣고 있었어. 울먹이며 제니와 케이에게 거듭 고맙다고 인사한 치키의 홀로그램은 곧 사라졌어. 한편 패키를 돕던 휴머노이드는 쓰임을 다했는지 전원이 끊겨 움직임이 멈춰 있었지. 치밀어 오르는 화로 몸을 떨던 패키는 처음 레기맨에게 접촉하던 때가 떠올랐어.

- 초대 없이 엘리시움까지 찾아와 내게 접촉하다니 정말 대단한 인간이군요. 좋습니다. 내게 할 이야기란 무엇입니까?

"난 패키라고 해요. 세상은 인공지능이 인류의 대안이라고 하지만 나는 아직 사람과 협력할 필요가 있다고 생각해요. 내 능력을 당신이 인정해 준다면 인공지능의 협력자로서 무엇이든 돕겠어요. 그 대가로 엘리시움을 당신과 관리하게 해 줘요."

- 엘리시움 관리는 나만으로 충분합니다. 인간은 필요없습니다.

'흐음, 꽤나 자신만만한 인공지능이군.'

"당신, 인간을 시험해 보고 싶잖아요? 당신의 힘만으로 인간을 검증할 수 있겠어요? 눈치 빠른 인간들은 당신이 낸 문제의 모범 답안을 곧 찾아낼 텐데요."

— …….

"당신은 당신이 원하는 대로 인간들을 검증하세요. 퀘스트가 더욱 까다로워지도록 내가 돕죠. 제법 우수한 인간인 내 방해에 무너지는 사람들이라면 볼 것도 없는 거예요. 인간들이 퀘스트에 실패한다면 나를 공동 관리자로 인정해 줘요. 어때요?"

- 재미있겠군요.

"거래 성립인가요? 기대하시죠. 내가 어떻게 활약하는지."

'여기에 얼마나 공을 들였는데 내가 실패했다고?!'

마침내 분을 참지 못한 패키가 책상을 내리치며 일어났어.

"패키! 이제 그만 해. 뛰어난 실력을 갖춘 네가 왜 이러는 거야?"

"시끄러 케이! 1등만 하는 네 녀석이 뭘 알아!"

"네가 프로그래밍을 시작한 이유가 단순히 케이만 이기기 위한 거였어? 더 좋은 쪽으로 나아갈 기회를 왜 스스로 버린 거야!"

패키는 자신을 비난하는 듯한 두 사람을 향해 홱 고개를 돌렸어. 그러고는 제니와 케이를 향해 악을 쓰며 외쳤지.

"입 다물어! 2등? 누가 2등을 알아줘. 세상은 그래. 1등 말고 2등은 아무도 기억하지 않는다고. 모든 칭찬, 기회, 관심. 1등인 케이 너에게만 주어졌잖아! 네가 내 비참함을 안다면 이러면 안 되지!"

갑자기 눈을 부릅뜬 패키가 쏜살같이 달려와 케이의 멱살을 잡았어.

"인정 못 해. 이대로 포기할 줄 알고? 너희 그거 알아? 엘리시움에서 강제로 접속을 끊으면 어떻게 되는지? 현실에서의 정신도 영원히 육체와 로그아웃이 되거든! 내가 곧 그렇게 만들어 주지!"

케이를 틀어쥔 손에 더욱 힘을 넣던 패키의 손목을 누군가 더 강한 힘으로 잡아 쥐었어.

"이게 누구 멱살을 잡아!"

눈을 부릅뜬 제니는 힘껏 틀어쥔 패키의 손목을 놓지 않았어.

"로그아웃? 네 인생에서 너부터 로그아웃하게 해 줘?"

"무식한 게 힘만 세다더니. 이거 안 놔?"

패키에게서 풀려난 케이는 점점 거세지는 싸움을 말리려고 나섰지만 소용없었어. 오히려 두 사람의 거친 몸싸움에 바닥으로 나동그라졌지 뭐야? 엄청난 기세에 밀려 뒷걸음질치다 얼이 빠진 케이가 제니와 패키를 보았지만 둘은 눈길조차 주지 않았어. 제니의 머리채를 잡으려다 실패한 패키가 다른 손으로 잡으려 하자 제니는 일일이 막아내며 고함치고 있었어.

그때 공간이 일렁이면서 맹렬하게 싸우던 제니와 패키의 몸이 양쪽으로 밀렸어. 소란이 멎자 귀를 막지 않고는 견딜 수 없을 만큼 레기맨의 음성이 크게 울려 퍼졌지.

- 거기까지입니다. 망가지는 지구와 사람들의 한계를 보고 나 레기맨이 현실 세계도 지배해야겠다고 생각했는데 당신들이 내 생각을 바꿨군요. 완전히 믿을 수는 없지만 당분간 인간들을 더 지켜보도록 하죠. 나 레기맨의 경고를 현실 세계에 잘 전달하세요!

레기맨은 인간을 대신해 현실 세계까지 손아귀에 넣겠다는 계획을 바꾸기로 했어. 인공지능을 올바르게 이해하고 선한 마음을 가진 원정대가 레기맨의 생각을 바꾼 거야. 그 말에 패키가 크게 소리쳤어.

"레기맨, 미쳤어?"

- 제니와 케이의 팀은 주어진 퀘스트들을 완벽하게 해결해 모든 조건을 만족했습니다. 내 결정에 누구도 이의를 나타낼 수 없습니다.

"너를 100% 믿고만 있었다고 생각하면 오산이야. 나도 너와의 계약이 틀어질 때를 대비해 뒀지. 처음 너에게 말을 걸었을 때 그 안에 바이러스 리모컨 코드를 심어 두었어. 하, 나도 순진했지. 인공지능 따위 그냥 없애 버리고 진즉 관리자 자리를 차지해야 했는데! 당장 메인 **서버**에 **바이러스**를 퍼트려 주지."

눈빛이 사나워진 패키가 현실에서 몰래 가져온 노트북을 열며 악에 받쳐 소리쳤어.

"딥페이크랜드의 **네트워크**에 바로 퍼지도록 할 테다! 그럼 엘리시움 전체로 순식간에 퍼지겠지? 모두 여기서 끝장이라고!"

패키는 거침없이 타자를 치며 코드를 입력했어. 곧이어 주변에 이

서버(Server) _정보를 주거나 작업하는 컴퓨터 시스템.
바이러스(Virus) _컴퓨터의 동작을 방해하거나 데이터 등을 망가트리는 프로그램.
네트워크(Network) _2대 이상의 컴퓨터들이 이어져 통신할 수 있는 것.

상한 문자들이 보이는가 싶더니 'ERROR'가 희미하게 나타났어. 동시에 인공지능 레기맨을 보호하는 자동 복구 시스템도 실행되었지.

[외부 바이러스 진압을 위해 레기맨의 자동 복구 시스템을 실행합니다. 10%…… 20%…….]

패키의 돌발 행동에 케이는 진작부터 스마트글래스로 창을 띄워 코드를 급하게 입력하고 있었어. 하지만…… 아!

"틀렸어. 멈추게 할 코드를 입력하기에는 역부족이야."

노트북을 빼앗아야겠다고 생각한 제니가 패키에게 달려들려고 할 때였어. 무언가 날아와 패키의 노트북과 부딪치지 않겠어?

"이게 뭐야! 거의 다 됐는데!"

드론은 포기를 모르고 노트북을 주우려는 패키의 주위를 날아다니며 계속 방해했어. 자세히 보니 꾸러기의 드론이잖아!

"꾸러기! 너 어디 갔다가 이제야 나타난 거야!"

"미안! 엘리시움을 살펴보는데 조금 알아볼 것이 있어서!"

한데 아무리 둘러보아도 꾸러기는 보이지 않잖아! 음성만 들리는 상황이 이상해 케이가 허공에 대고 물었어.

"대체 너 어디에 있는 거야?"

"레기맨의 중앙 통제실이야! 엘리시움에서도 아주 비밀스러운 곳에 딥페이크 기술로 감추어져 있더라고!"

"어떻게 하면 바이러스를 막을 수 있어? 케이도 방법을 모르겠대!"

"제니, 퀘스트를 성공해서 모은 배지를 어서 중앙 시스템에 연동시켜! 그래야 바이러스를 멈출 수 있어! 내가 시간을 끌게."

꾸러기는 드론을 조종해 패키가 노트북을 쓸 수 없게 방해했어. 패키는 정신없이 날아드는 드론을 쫓아내기 위해 사납게 팔을 휘저었어.

"제니, 시스템 창을 열어서 스마트워치와 연결하고 퀘스트 배지를 호출해, 어서!"

"이걸 어디에다 연결하라는 거야?"

"패키 때문에 연결 **포트**가 다 없어졌구나. 내가 더 열어 줄게!"

잠시 뒤 케이의 발아래에 홀로그램 영상으로 렌즈가 나타났어. 렌즈가 나타나기 무섭게 제니는 있는 힘껏 달려갔어. 마지막 순간 몸을 날려 스마트워치의 '퀘스트 배지'를 렌즈에 가져갔지. 쿠당탕탕!

"윽! 너 진짜 물소처럼 엄청나게 달려오는구나. 컥!"

달려오던 제니와 함께 넘어진 케이가 앓는 소리를 뱉었어.

"미안, 너무 급해서! 그런데 인…… 인식은?"

정신을 차린 제니가 인식 결과를 묻자 케이가 앞을 가리켰어. 뒤를 보니 시스템 창이 열려 있었고 로딩 중이라는 메시지가 보였어. 불안해진 제니와 케이는 마른침을 삼켰지. 둘에게서 멀리 떨어져 있던 패키가 큰 소리로 말했어.

"난 이미 코드 작성을 다 끝냈어! 너흰 이제 끝이야! 하하하!"

끈질겼던 꾸러기의 드론은 어느새 바닥에 내동댕이쳐져 있었어. 방

포트(Port) _데이터를 주고받을 수 있는 통로 또는 구멍.

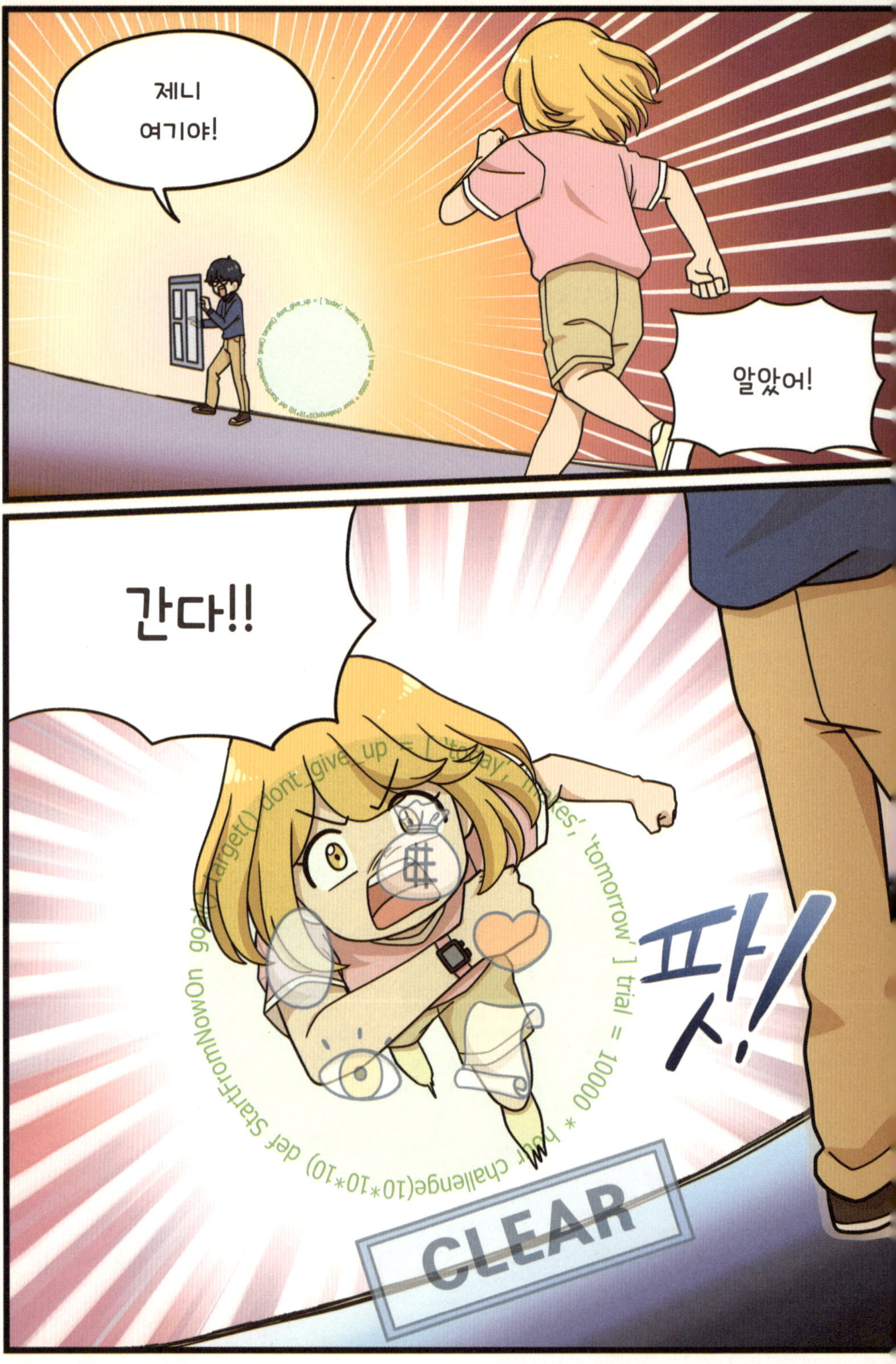
제니
여기야!
알았어!
간다!!
target() dont_give_up = ['today', 'makes', 'tomorrow'] trial = 10000 * hour challenge(10*10*10) def StartFromNowOn
팟!
CLEAR

해를 뿌리치고 바이러스 코드 작성을 끝낸 패키는 한 손에 로딩 중인 노트북을 들고 의기양양하게 웃으며 걸어왔지. 딩동! 경쾌한 알림 소리와 함께 창이 열리며 메시지가 전송됐지 뭐야? 무슨 알림인 거야?

모든 퀘스트를 성공하였습니다.

1. 이스터 에그를 찾아라!
2. 엘리시움에서 가장 값진 것을 얻어라!
3. 진짜와 가짜를 밝혀라!
4. 잃어버린 감정을 찾아라!
5. 진실의 법정에서 무죄를 받아라!

"로딩 95%였는데 언제……? 분명 다 끝이었다고!"

절망한 패키가 머리를 감싸 쥐며 소리를 지르는 순간 레기맨의 음성이 들려왔어.

- 패키, 당신의 본심을 잘 알았습니다. 다시 엘리시움에 접속할 수 없도록 당신을 차단하겠습니다.

다 틀렸다고 생각한 패키는 입술을 질끈 물었어. 그러고는 노트북에 코드를 빠르게 입력하지 않겠어? 공간이 일그러지며 앞에 구멍이 생기자 패키는 제니와 친구들에게 마지막 악담을 잊지 않았어.

"이번에는 몸풀기 게임이었다고 생각해. 다음에는 이 빚을 꼭 갚아

주겠어."

"뭐…… 뭐? 야, 너 거기 안 서?"

제니는 패키가 사라진 구멍이 있던 자리를 보며 씩씩거렸어. 케이가 흥분한 제니를 말리는 사이 반대편에 어느새 꾸러기가 들어와 있었지.

"제니, 네가 배지를 인증해 줬기에 망정이지 큰일 날 뻔했어."

꾸러기의 말에 케이도 고개를 끄덕이며 보기 좋은 미소를 지었어. 그때 레기맨의 음성이 다시 들렸어. 레기맨은 제니와 친구들에게서 어떤 희망을 봤을까?

- 제니와 케이 그리고 꾸러기. 당신들은 현실 세계와 미래를 지켜낼 능력과 자격이 있음을 나에게 확실히 증명했습니다. 당신들과 같은 사람들이 있다면 세상은 희망이 있다고 봐야겠지요? 엘리시움에서의 호출은 이것으로 종료합니다. 제 목적도 달성했으니 지금의 레기맨도 자동 폐기됩니다. 앞으로 엘리시움은 새로운 레기맨이 관리하게 됩니다. 지금까지 모두 수고하셨습니다.

레기맨의 말을 끝으로 제니와 케이 주변의 공간이 일렁였어. 어지러울 만큼 심하게 땅이 흔들리더니 순식간에 모든 게 캄캄해졌어.

7장

인공지능 윤리를 알아보자

인공지능은 사람들과 세상에 편리함을 가져다줘요. 하지만 인공지능으로 생길 수 있는 안 좋은 일들도 있답니다. 어떤 일이 생길지 다 같이 생각해 볼까요?
인공지능이 잘못된 차별이나 편견을 학습하거나, 범죄처럼 나쁜 목적에 쓰인다면 사회에 커다란 문제가 생길 수 있어요. 따라서 '인공지능 윤리(AI Ethics)'는 인공지능이 널리 인정되고 믿을 수 있는 데 필요해요. 인공지능 윤리는 한 사람과 사회에 미치는 나쁜 영향을 줄이는 것이 목표랍니다. 전 세계의 나라들이 발전하는 인공지능을 사용할 때 생길 수 있는 위험을 막을 방법들을 다음처럼 고민하고 있어요.

OECD	2019년 5월에 공정하고 믿을 수 있으며 인권과 민주주의를 존중하는 인공지능 사용을 위한 'OECD AI 원칙'을 채택했어요.
EU	2019년 4월에 〈믿을 수 있는 AI를 위한 윤리 지침〉을 제시했어요. 2021년 4월 세계 최초로 〈인공지능 법안(Artificial Intelligence Act)〉을 발표했어요.
미국	2019년부터 인공지능을 규제하는 법을 만들고 있어요. 구글, MS(마이크로소프트) 등의 주요 기업을 중심으로 윤리적인 인공지능 실현을 위한 개발 원칙도 마련했어요.
대한민국	2020년 12월에 정부에서는 '사람이 중심이 되는 인공지능(AI) 윤리 기준'을 발표했어요.

인공지능 윤리는 사람 모두가 인공지능을 쓰는 과정에서 올바른 윤리 의식을 가지고 실현해 나가야 할 부분이라고 할 수 있어요. 생활 곳곳에서 두루 쓰이는 인공지능 기술을 쓸 때 지켜야 할 점이 더 늘어난다는 뜻이지요. 인공지능 기술을 쓸 때 어떤 점을 꼭 지켜야 할까요? 아래에 자유롭게 써 보세요.

에필로그

"으…… 어지러워. 어라, 여긴 내 방이잖아?"

정신을 차린 제니가 두리번거리니 바닥에는 그토록 벗겨지지 않았던 레스가 뒹굴고 있었어. 드디어 현실 세계로 돌아온 거구나! 엘리시움에서의 일은 다시 생각해도 정말 생생했어. 제니가 레스를 다시 써 봤지만 캄캄한 화면만 보일 뿐, 엘리시움에 접속할 수는 없었어. 새 레기맨이 관리한다더니 엘리시움도 달라지고 있는 걸까?

머릿속을 스치는 기억들로 제니는 밤새 뒤척였어. 여전히 의문을 풀지 못한 채 아침을 맞아 무거운 발걸음으로 집을 나섰지.

'계속 생각해도 꿈만 같아. 내가 경험한 세상은 무엇이었을까?'

교실에 들어서자 누군가 제니의 등을 손바닥으로 내리쳤어.

"한- 제- 니! 너 1분만 더 늦게 왔으면 지각이었어! 빨리 앉아!"

지안이의 핀잔에 멋쩍게 웃으며 급히 자리에 앉은 제니가 번쩍 고개를 들어 케이를 찾았어. 반대편에 앉아 있는 케이도 아무 일 없었다는 듯 평소처럼 선생님 말씀에 집중하고 있었어. 순간마다 사건, 사고가 생겨서 시끌벅적한 엘리시움과 달리 학교에서의 일상은 그저 평온하기만 해. 케이의 주변에는 쉬는 시간이면 친구들이 바글거려서 여전히 다가가기 쉽지 않았지. 드디어 수업이 끝났어. 제니는 자신을 바라보던 케이와 눈이 딱 마주쳤지 뭐야?

"선생님께서 분리수거함 좀 비워 달라셨는데 나 좀 도와줄래?"

"어? 어, 지금 바로 가자!"

제니는 앞장서서 학교 뒤편에 있는 분리수거장으로 향했어.

"제니, 엘리시움에서 현실로 돌아온 기분은 어때?"

웃으며 말을 건네는 케이에게 제니가 기다렸다는 듯 입을 열었어.

"엘리시움에서의 일은 역시 꿈이 아니지? 그나저나 패키 걔 어딨

어? 당한 걸 생각하면 가만 놔둘 수 없지. 아오, 열 받네!"

"안 그래도 학교에 오자마자 패키를 찾아갔는데 말이야. 애들이 패키를 전혀 모르고 있었어. 선생님도 마찬가지야. 마치 처음부터 없었던 사람처럼……."

"무슨 소리야? 패키를 모르다니? 뭔가 잘못된 것 같은데."

제니의 한쪽 눈썹이 꿈틀거렸어. 케이는 돌아오자마자 다시 엘리시움에 접속하려 했지만 실패했다는 말도 덧붙였지.

"흔적도 없이 사라진 패키도, 엘리시움 접속 불가도 찜찜하지만 당분간 현실에 집중하라는 레기맨의 의도가 아닐까? 현실로 무사히 돌아오면 엘리시움에서 함께해 줘서 고마웠다고 너한테 꼭 말하고 싶었어."

"아…… 아니, 뭐. 내가 한 게 있나. 하하…… 하! 그래서 케이, 이제부터는 어떻게 할 거야?"

"글쎄……. 사라진 패키의 일도 그렇고 뭔가 여기서 끝이 아닐 것 같다는 생각이 들어. 오늘부터 엘리시움에 다시 접속할 방법도 찾고 인공지능과 프로그래밍 공부를 더 하려고 해."

'케이는 벌써 계획을 세웠구나.'

역시 대단하다고 생각하는 제니에게 케이는 뜻밖의 말을 꺼냈어.

"그래서 말인데. 앞으로 계속 같이 공부하지 않을래?"

"정말이야? 저기…… 난 인공지능을 잘 모르니 네가 도와주면 좋겠는…… 데."

"당연하지! 너도 인공지능이나 프로그램에 관심이 생기면 좋겠어."

케이에게 받은 뜻밖의 제안에 제니는 집에 가는 내내 마음이 들떴어. 그리고 앞으로 어떻게 할지 차근차근 계획을 세웠지. 엘리시움에서의 모험 덕분에 인공지능과 달라질 세상에 호기심이 생긴 나머지 가만있을 수 없지 뭐야? 그 길로 제니는 도서관에 들러 인공지능과 IT

관련 책들을 잔뜩 빌렸어. 인공지능과 관련된 수업에서도 눈을 부릅뜨고 집중했지.

며칠 뒤, 선생님은 인공지능 로봇으로 다시 수업을 하셨어. 로봇이 사람처럼 지능을 가져서 똑똑해지는지 궁금했던 친구들은 금세 술렁였어. **링크**를 열어 보자는 선생님의 말씀에 친구들이 하나둘 열자 챗봇 서비스가 나왔어. 맞아, 엘리시움에서 만났던 챗챗, 챗봇 말이야. 제니는 어쩐지 엘리시움이 그리워졌어.

'챗챗은 여전히 잘 있겠지?'

"계속 같은 답변만 하니 답답하네. 똑똑하진 않은 것 같은데?"

친구들은 처음에는 관심을 보이더니 챗봇의 단순한 성능에 싫증을 느꼈어. 엘리시움의 챗챗은 인공지능이 더해진 최첨단 기술이니 지금의 챗봇과는 다를 수밖에.

"자, 여러분은 로봇과 대화를 나누어 보았어요."

"로봇이 채팅도 할 수 있나요? 어색해도 사람인 줄 알았는데요?"

한 친구가 삐걱거리며 채팅하는 로봇을 흉내 내자 다른 친구들이 깔깔거렸어.

"여기에서 대화하는 챗봇은 사람이 프로그래밍한 대로 답변이나 서비스를 제공하는 로봇을 말해요."

"아! 엄마랑 쇼핑몰 상담을 하는데 챗봇이랑 대화한 것 같아요!"

"현재는 간단한 상담이나 응답 정도에만 챗봇이 활용되고 있어요.

링크(Link) _웹 사이트들이나 문서들을 서로 이어 주는 것.

인공지능 로봇과 기술이 발전하는 만큼 챗봇도 앞으로 더 달라질 거예요. 스스로 생각해서 우리에게 도움을 줄 수 있을 만큼요."

"로봇이 알아서 하면 좋을 텐데요! 저희 아빠도 제가 계속 물어보면 좀 알아서 하라고 하시거든요."

"그렇죠! 사람들은 인공지능을 개발해서 로봇에게 적용했어요. 로봇이 받아들인 정보를 학습해서 저장되지 않은 질문에도 답할 수 있게끔 만들었답니다. 이런 기술을 '머신러닝'이라고 해요."

"머신러닝요?"

"네. 머신러닝(Machine Learning), 영어로 표현하면 '기계 학습'이지요. 사람이 학습하는 것처럼, 컴퓨터도 많은 자료를 학습해서 더 똑똑해지도록 만드는 기술이에요. 인간이 가르쳐 주지 않아도 이미 아는 많은 정보로 새로운 것들을 알아낼 수 있어요."

어느덧 종이 울리며 수업이 끝났어. 제니는 혼자 공책에 '머신러닝'을 끄적이며 엘리시움 생각에 빠져 있었지.

어느 날, 조회를 하러 들어오신 선생님께서 밝은 표정으로 상장 하나를 꺼내셨어. 학교에서 열린 '인공지능과 미래의 모습' 글쓰기 대회에서 대상을 받은 친구가 제니의 반에 있었대! 대상이라는 말에 반 친구들이 술렁였어.

"인공지능과 미래의 모습 상상 글쓰기 대회의 대상은…… 한제니, 앞으로 나오세요!"

얼떨떨해진 제니가 일어서자 친구들은 놀라워했어.

"제니가 대상을? 어쩐지 인공지능 수업할 때 열심히 하더라."

"요즘 케이랑 친해 보이던데. 케이에게 따로 배우는 건가?"

제니가 상장을 받으러 나갈 때 케이가 조용하지만 분명한 목소리로 친구들에게 말했어.

"제니 스스로 열심히 공부하고 노력해서 받은 상이야."

그러고는 상장을 받는 제니를 향해 크게 박수를 보냈어. 환호하는 친구들의 축하 인사에 제니는 어쩐지 부끄러워져서 상장으로 얼굴을 가렸어. 상을 받을 줄은 정말 몰랐거든. 어떤 주제로 글을 썼는지 친구들에게 소개해 달라는 선생님의 말씀에 조심스레 입을 열었어.

"저는 가까운 미래에 사람들이 메타버스에서 쇼핑하는 모습을 상상해서 글을 썼습니다. 현실과는 다른 가상의 세상을 메타버스라고 하거든요. 미래에는 메타버스 쇼핑몰로 멀리 있는 쇼핑몰에 가지 않아도 될 거예요. 또 원하는 물건을 살펴보고 자신의 아바타에게 대신 옷을 입혀 어울리는지도 확인할 수 있을 것 같습니다."

"와, 제니 말대로 되면 진짜 편하고 좋겠는데?"

"인공지능은 지금도 쓰이는 기술이지만 메타버스에서 더 유용하게 쓰일 거야. 내가 사려는 물건들이 있는 곳을 찾아 위치를 알려 주거나 나한테 어울리는 제품을 추천해 주기도 해. 온라인 가상 화폐로 결제만 하면 우리 집으로 배달까지 해 주지."

제니의 설명에 친구들은 감탄하며 엄지를 들었어. 선생님의 칭찬을 들으며 자리에 앉은 제니는 여전히 엘리시움의 또 다른 기억들에 푹 빠져 있었지. 집으로 돌아가면서 제니와 케이는 수다 삼매경이었어.

"제니, 인공지능 공부를 열심히 했구나! 상까지 받고 대단해!"

"아하하. 엘리시움이 큰 도움을 줬지 뭐. 그러고 보니 글쓰기 대회에 참가하지 않았던데 다른 일 있었어?"

"아! K-POP 가수들의 곡을 상황별로 추천해 주는 앱을 만들고 있었거든. 엘리시움에 있을 때 네가 문화생활 좀 하라고 했었잖아."

"그럼 어떤 가수들의 어떤 노래를 담으면 좋을지 참고하면 좋은 사이트들을 정리해 줘도 돼? 아, 맞다! 요즘 인공지능 관련해서 재밌는 책이 새로 나왔던데 혹시 봤어?"

재잘재잘 말을 잇던 제니는 케이도 읽어 봤는지

앨런 튜링
(Alan Turing)
1912~1954
영국의
수학자·논리학자.
컴퓨터공학 및
정보공학의 토대를
마련하였다.

물어보려다가 그만 가방에서 꺼내던 책을 떨어트렸지 뭐야? 책은 바닥에 펼쳐진 채 떨어져 있었어.

"제니, 괜찮아? 어?"

제니는 펼쳐진 쪽을 빤히 쳐다보는 케이를 따라 시선을 옮겼어. 그런데 책에는 뜻밖의 인물이 나와 있지 뭐야?

"꾸…… 꾸러기 아냐? 이 녀석이 왜 책에 나와 있어?"

제니와 케이는 서로를 바라보며 당황스러움을 감추지 못했어. 그때 제니가 떨리는 목소리로 간신히 말했어.

"엘리시움에서 만난 꾸러기가…… 앨런 튜링이라니."

"분명 이 모습에서 어린 모습이었지?"

"잠깐, 앨런 튜링은 살아 있는 사람이 아니잖아!"

제니는 말도 안 되는 생각에 입을 틀어막았어. 하지만 완전히 틀린 생각은 아닐지도 몰라. 엘리시움은 자유롭게 모습을 바꿀 수 있는 곳이니 누군가 앨런 튜링의 모습을 했을 수도 있잖아? 제니는 꾸러기가 진짜 앨런 튜링이라고 믿고 싶었어.

"어쩌면 진짜 앨런 튜링 아닐까? 생각해 보면 꾸러기가 어떻게 우리가 힘들 때마다 필요한 도움을 줄 수 있었을까 싶기도 해. 엘리시움과 인공지능이 안전하게 지켜지길 바란 강한 의지로 앨런 튜링이 다시 살아났을 수도 있잖아. 하하."

"그…… 그런가? 어쨌든 꾸러기는 재미있는 친구였고 지금도 다시

Bill
to
케이

보고 싶은 녀석이라는 거지!"

"다시 만난다면 진짜 앨런 튜링인지 귀신인지 물어봐야겠어."

제니와 케이는 꾸러기의 이야기를 주고받느라 시간 가는 줄 몰랐어. 금세 각자의 집에 도착한 줄도 모를 만큼 말이야.

"다녀왔습니다!"

"케이, 네 앞으로 택배 왔더라."

"저 왔어요!"

"제니 왔니? 너희 반 친구라는 애가 뭘 주고 가던데. 네 책상 위에 올려 뒀어!"

제니는 책상 위에 놓인 상자를 열었어. 세상에, 엘리시움에 가기 전에 받았던 그 수상한 검은 상자잖아……. 놀랍게도 상자에는 레스와 함께 초대장도 같이 있었지. 제니는 두근거리는 마음으로 초대장을 살펴봤어.

초대장

새로워진 엘리시움에 당신을 초대합니다.
접속 장치인 레스를 이용해 메타버스 엘리시움에서
여러분의 꿈을 이루세요.

<에피소드의 주제를 맞혀 보세요> 정답

15쪽 정답
메타버스

35쪽 정답
챗봇

59쪽 정답
키오스크

79쪽 정답
휴머노이드

89쪽 정답
딥페이크

125쪽 정답
인공지능 번역

151쪽 정답
인공지능 윤리

메타버스 원정 보고서

프롤로그

OX 퀴즈

1. 레기맨은 현실 세계에서 메타버스를 관리하는 관리자이다. (O / X)
2. 케이가 만든 애플리케이션은 사람들에게 엄청난 인기를 끌었다. (O / X)
3. '꾸러기'는 세계 최고의 퀴즈 프로그램에서 우승했다. (O / X)

선다형 퀴즈

1. 엘리시움에 대한 설명으로 바르지 <u>않은</u> 것은?
① 엘리시움은 천국 같은 곳이다.
② 엘리시움에서는 누구나 원하는 옷을 얻을 수 있다.
③ 엘리시움에서는 차별 없이 능력을 키울 수 있다.
④ 엘리시움에 한 번 접속하면 나갈 수 없다.

2. 제니에 대한 설명으로 옳지 <u>않은</u> 것은?
① 케이가 프로그램을 만들 때 도와준 적이 있다.
② 케이와 같은 반이다.
③ 학교에서 명탐정으로 소문나 있다.
④ 탐정으로서 사람들을 돕기 위해 SNS를 운영하고 있다.

단답형 퀴즈

1. 가상, 초월 등을 뜻하는 영어 단어 '메타(Meta)'와 우주를 뜻하는 '유니버스(Universe)'의 합성어로, 현실 세계와 같은 사회·경제·문화 활동이 이루어지는 3차원의 가상 세계를 가리키는 이 말은 무엇일까요?
( )

2. 인간의 학습과 추론, 지각 능력을 인공적으로 만들어 내는 컴퓨터 과학의 세 분야 가운데 하나인 이 말은 무엇일까요?
( )

3. 스마트폰이나 태블릿 PC 등에서 사용자가 쉽게 쓸 수 있도록 만들어진 다양한 응용 프로그램을 무엇이라 하나요?
( )

1장

OX 퀴즈

1. 제니가 받은 수상한 택배에는 엘리시움으로 들어가기 위한 레스가 들어 있었다.
(O / X)
2. 엘리시움의 퀘스트 참가자는 서로 메시지를 주고받을 수 있다. (O / X)
3. 제니와 케이, 꾸러기는 이스터 에그를 찾기 위해 대나무 숲으로 이동했다. (O / X)

선다형 퀴즈

1. 1장을 읽은 뒤 느낀 점을 바르게 말하지 않은 사람은?
① 훈철 : 사람이 운전하지 않은 차를 탄다니 신기했어.
② 은지 : 나도 세크레타 같은 인공지능 비서를 두고 싶어.
③ 호석 : 꾸러기는 모르는 게 없는 척척박사인데 겸손하기까지 해.
④ 예진 : 나도 엘리시움 원정대에 참여하고 싶어.

2. 퀘스트에 대한 설명 가운데 바르지 않은 것은?
① 퀘스트는 총 5개이다.
② 첫 번째 퀘스트는 이스터 에그를 찾는 것이다.
③ 퀘스트를 해결하지 못하면 현실 세계로 돌아갈 수 없다.
④ 퀘스트의 최종 목표는 레기맨과의 대결에서 승리하는 것이다.

단답형 퀴즈

1. 프로그램 개발자가 사용자에게 재미를 주기 위해 만든 프로그램에 숨겨 놓은 메시지나 기능을 무엇이라고 하나요?
( )
2. 다른 사람의 컴퓨터에 불법으로 접근해 정보를 빼내거나 나쁜 영향을 주는 행위를 무엇이라고 하나요?
( )

2장

OX 퀴즈

1. 패키는 리모컨 모양의 이스터 에그를 발견했다. (O / X)
2. 탐험 계획에 포함되어야 하는 조건은 정보, 엘리시움, 스릴, 돈이다. (O / X)
3. 챗봇 챗챗이 분석한 결과, 케이와 패키의 데이트 코스는 일치한다. (O / X)

선다형 퀴즈

1. '음성이나 문자를 통한 인간과의 대화로 작업을 수행하도록 만들어진 대화형 인공지능'의 이름은?
① 소리봇
② 말봇
③ 챗봇
④ 딥봇

2. 2장에 나온 챗봇의 장점이 아닌 것은?
① 반응이 빨라 기다리지 않아도 된다.
② 정확하게 분석하려면 아주 많은 데이터가 필요하다.
③ 개인화된 대화가 가능하다.
④ 사용자가 원하는 시간에 맞춰 365일 24시간 내내 사용할 수 있다.

단답형 퀴즈

1. C언어나 자바, 파이썬 등 컴퓨터의 언어로 프로그램을 만드는 것을 무엇이라고 하나요?
(　　　　　　　　　　　　　　　　)

2. '연구나 조사 등의 바탕이 되는 재료' 또는 '정보'라는 뜻이 있는 이것은 무엇일까요?
(　　　　　　　　　　　　　　　　)

3장

OX 퀴즈

1. 제니는 디지털 클로짓에서 가장 좋아하는 레드골드의 착장템을 구매했다. (O / X)

2. 제니와 케이, 패키와 꾸러기는 모두 눈을 감고 번지점프를 해서 엘코인을 얻을 수 없었다. (O / X)

3. 제니는 스마트 상점에서 스마트글래스 스트랩을 훔쳐 케이에게 선물했다. (O / X)

선다형 퀴즈

1. '가상 세계에서 캐릭터를 꾸밀 수 있는 옷장으로 가상 화폐로 다양한 아이템과 의상 등을 구매하고 착용할 수 있는 곳'은 무엇인가요?

① 디지털 옷가게
② 디지털 클로짓
③ 사이버 옷장
④ 사이버 클로짓

2. 두 번째 퀘스트에 나온 엘리시움에서 가장 값비싼 것은 무엇인가요?

① 친구
② 행복
③ 정직
④ 스마트워치

연결 퀴즈

4장

OX 퀴즈

1. 스마트워치는 제니의 심장 박동수가 빨라지자 건강에 이상이 생겼다고 판단했다. (O / X)

2. 제니는 휴머노이드에게 하고 싶은 이야기를 모두 털어놓았다. 하지만 휴머노이드가 공감하지 못해 심장 박동수와 기분 수치는 더 나빠졌다. (O / X)

3. 제니가 케이에게 쓴 손 편지를 본 휴머노이드는 글자를 읽을 수 없었다. 광학문자인식 기능으로 글자의 모양을 바꾸어 주었다. (O / X)

선다형 퀴즈

1. '인간처럼 생기고 인간처럼 움직이는 로봇'은 무엇인가요?

① 휴머노이드
② 펄슨노이드
③ 사람봇
④ 친구봇

2. 4장에 나온 이야기로 알 수 있는 휴머노이드의 장점은 무엇인가요?

① 실제 사람과 외모가 비슷하여 인간과 로봇의 구분이 어려워진다.
② 인간보다 힘센 휴머노이드가 위협을 가할 수 있다.
③ 휴머노이드를 통해 개인 정보가 노출될 수 있다.
④ 위험에 처하거나 도움이 필요한 순간에 인간을 대신해 줄 수 있다.

단답형 퀴즈

1. 인쇄된 문자나 손으로 쓴 글씨 따위에 반사시킨 빛을 센서로 인식하여 컴퓨터에서 사용 가능한 정보로 바꾸는 것을 무엇이라고 하나요?

( )

OX 퀴즈

1. 5장의 이스터 에그 퀘스트의 단서는 판다가 모여 있는 곳과 해가 지는 곳이다. (O / X)
2. 5장의 이스터 에그는 동물원에 있는 판다 구역에 있었다. (O / X)
3. 다음 두 이미지 가운데 딥페이크 이미지는 ①이다. (O / X)

①

②

선다형 퀴즈

1. '인공지능을 활용한 인간 이미지 합성 기술'은 무엇인가요?
   ① AR(증강 현실) ② VR(가상 현실)
   ③ FAKE NEWS(가짜뉴스) ④ DEEPFAKE(딥페이크)

2. 5장에 나온 딥페이크의 긍정적인 사례가 아닌 것은?
   ① 유관순 열사의 웃는 모습 합성 ② 증인 보호를 위한 얼굴 합성
   ③ 이루기 어려운 꿈을 합성으로 실현 ④ 만들어 낸 가짜뉴스 퍼트리기

단답형 퀴즈

1. 사용자가 눈으로 보는 현실 세계에 가상 물체를 겹쳐 보여 주는 기술을 무엇이라고 하나요?
   (   )
2. 딥페이크 기술이 악용되어 발생할 수 있는 단점을 한 가지 써 보세요.
   (   )

6장

OX 퀴즈

1. 케이 때문에 만년 2등이었던 패키는 케이에게 열등감을 느끼고 있었다. (O / X)
2. 인공지능 번역기는 음성과 달리 이미지는 번역할 수 없다. (O / X)

3. 인공지능 번역기로는 스페인어와 중국어만 번역할 수 있다. (O / X)

선다형 퀴즈

1. 아래 키워드 가운데 6장의 네 번째 퀘스트와 거리가 먼 것은?
   ① 메마른 감정 ② 전설 ③ 드라마 ④ 노래 ⑤ 감동

2. 제니와 케이가 마이클 잭슨을 구현하기 위해 사용한 딥페이크 학습 데이터가 아닌 것을 고르세요.
   ① 마이클 잭슨 춤 영상 ② 마이클 잭슨 사진
   ③ 마이클 잭슨 노래 ④ 마이클 잭슨 사인

단답형 퀴즈

1. 인공지능 번역기는 이미 학습한 다양한 언어를 바탕으로 입력된 값을 생활에서 쓰는 언어로 바꾸어 줘요. 여기에서 생활에서 쓰는 언어를 무엇이라고 하나요?
   (   )
2. 소리를 글로 바꾸어 주는 인식 기술과 글을 음성으로 바꾸어 주는 기술을 모두 가리키는 이 기술은 무엇인가요?
   (   )

7장

OX 퀴즈

1. 제니와 케이가 딥페이크 마스터 칭호를 얻기 위해 찾아간 마지막 퀘스트 장소는 '딥페이크아고라'이다. (O / X)
2. 제니와 케이는 딥페이크랜드를 여행하던 루카스 선생님을 만났다. (O / X)
3. 1인자가 되고 싶었던 패키의 욕심을 꿰뚫어 본 레기맨이 패키에게 먼저 접근해서 둘은 거래를 맺었다. (O / X)

선다형 퀴즈

1. 딥페이크를 악용한 범죄 피해를 줄이기 위한 예방 수칙에서 잘못된 것은?
   ① 생활에서 개인 정보 보호의 중요성을 알고 모르는 사람에게 유출되지 않도록 스스로 보호해야 한다.
   ② 아는 사람이라도 채팅이나 통화하다 무언가를 무리하게 요구할 때는 상대방이 딥페이크로 만들어진 가짜인가를 따지는 습관이 필요하다.
   ③ 나의 개인 정보와 관련된 질문을 했을 때 상대방이 쉽게 대답한다면 안심해도 된다.
   ④ 모든 정보의 사실 관계를 파악하기 전에는 따져 보는 태도가 필요하다.

2. 7장의 내용에서 잘못된 것은?
   ① 패키가 코드를 입력하여 바이러스를 퍼트리려 할 때 꾸러기가 드론을 조종하여 방해했다.
   ② 케이가 전력으로 질주하여 퀘스트 배지를 인증하여 모든 퀘스트를 성공하고 패키를 막아냈다.
   ③ 패키는 앞으로 엘리시움에 접속할 수 없도록 차단되었다.
   ④ 앞으로의 엘리시움은 새로운 레기맨이 관리할 것이다.

단답형 퀴즈

1. 이름, 주민등록번호, 주소, 전화번호 등 특정 개인임을 알아볼 수 있도록 하는 정보를 무엇이라고 하나요?

   (　　　　　　　　　　　　　　)

에필로그

OX 퀴즈

1. 현실 세계로 돌아온 제니와 케이는 엘리시움에 다시 접속하려고 했지만 실패했다.
   (O / X)
2. 케이는 학교에 오자마자 패키를 찾았지만 패키가 사라졌음을 알고 직접 만나지 못했다.
   (O / X)
3. 제니는 케이의 도움을 받아 인공지능과 미래의 모습 상상 글쓰기 대회에서 상을 받았다.
   (O / X)

선다형 퀴즈

1. 제니가 상을 받은 글의 내용에서 잘못된 것은?
   ① 제니는 가까운 미래에 사람들이 메타버스 쇼핑몰에서 쇼핑하는 모습을 글로 썼다.
   ② 메타버스에서 인공지능의 역할은 아주 작다.
   ③ 메타버스 쇼핑몰에서 마음에 드는 옷을 고르면 자신과 똑같이 생긴 아바타에게 대신 옷을 입혀 어울리는지 확인할 수 있다.
   ④ 메타버스 쇼핑몰에서 나에게 어울리는 제품을 골라서 추천해 주기도 하고 온라인 가상 화폐로 결제하면 집으로 배달해 준다.

2. 에필로그의 내용에서 잘못된 것은?
   ① 케이는 엘리시움에 접속할 경로도 찾고 인공지능과 프로그래밍을 더 공부하려고 한다.
   ② 제니는 수업 시간에 엘리시움의 챗챗을 다시 만나서 매우 반가워하며 인사했다.
   ③ 제니와 케이는 책 속의 앨런 튜링을 보고 엘리시움에서 만난 꾸러기를 떠올렸다.
   ④ 제니는 새로운 레스와 초대장을 받았다.

단답형 퀴즈

1. 인공지능의 한 분야이기도 해요. 사람이 학습하듯, 컴퓨터가 많은 자료(데이터)를 학습해서 새로운 지식을 얻고 학습할 때 입력되지 않은 정보에 대해서도 문제를 해결하고 의사를 결정할 수 있도록 하는 기술이 무엇인가요?

   (   )

책의 내용을 생각 그물로 정리해 봅시다.

[네 컷 만화] 내가 좋아하는 가수의 공연을 딥페이크 기술로 만들어 낸다면?

[조건]
딥페이크 학습 과정을 만화에 담아 주세요.
- 필요한 학습 데이터들이 무엇인지 자세하게 표현해 주세요.

스마트 상점 상상하기

주변에서 흔히 볼 수 있는 물건에 스마트 기능을 추가하여 스마트 제품으로 만들어 봅시다.

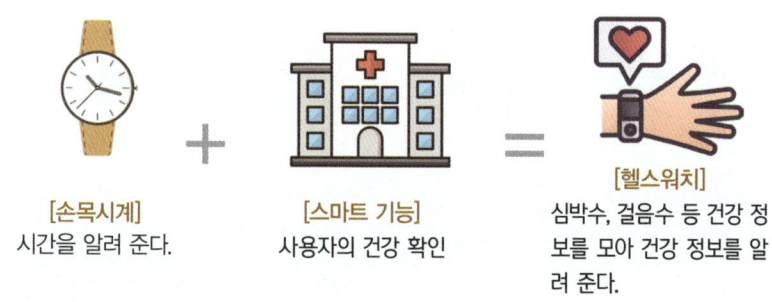

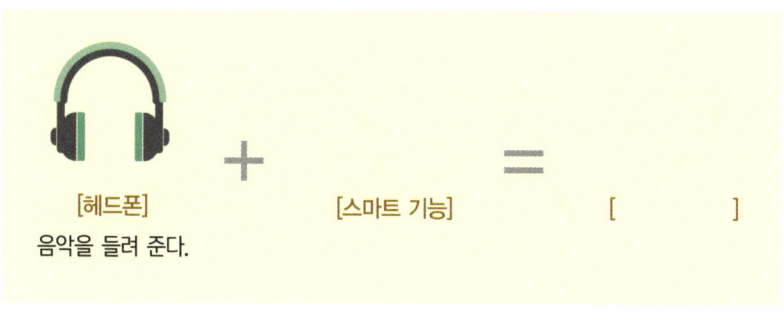

[예시]

[손목시계]
시간을 알려 준다.

+

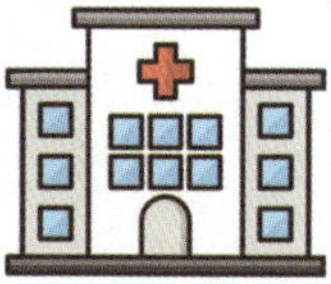

[스마트 기능]
사용자의 건강 확인

=

[헬스워치]
심박수, 걸음수 등 건강 정보를 모아 건강 정보를 알려 준다.

[헤드폰]
음악을 들려 준다.

+

[스마트 기능]

=

[ ]

[거울]
사물이나 사람을 그대로 보여 준다.

+

[스마트 기능]

=

[ ]

영원한 친구, 휴머노이드

휴머노이드의 제1원칙은 인간을 돕는 것이에요. 나를 위한 휴머노이드를 그리고 그렇게 그린 이유를 설명해 봅시다.

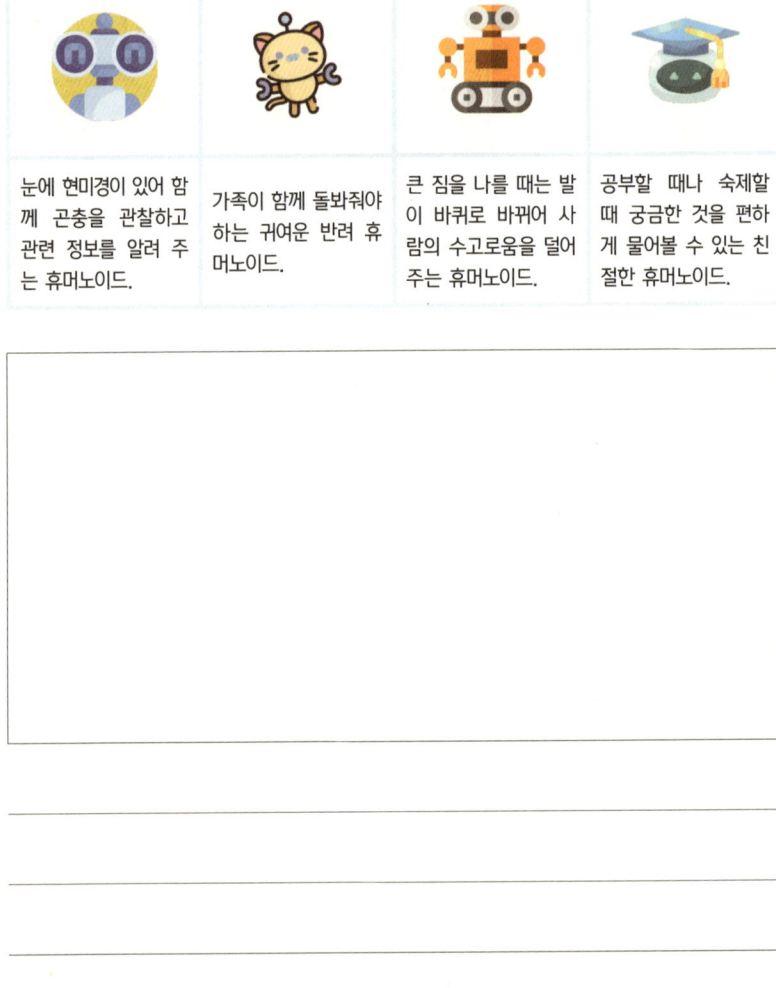

눈에 현미경이 있어 함께 곤충을 관찰하고 관련 정보를 알려 주는 휴머노이드.	가족이 함께 돌봐줘야 하는 귀여운 반려 휴머노이드.	큰 짐을 나를 때는 발이 바퀴로 바뀌어 사람의 수고로움을 덜어 주는 휴머노이드.	공부할 때나 숙제할 때 궁금한 것을 편하게 물어볼 수 있는 친절한 휴머노이드.

치키에게 편지 쓰기

딥페이크 기술을 이용한 사기로 억울한 일을 겪었던 치키는 제니와 케이에게 도움을 청했습니다. 여러분은 치키에게 어떤 말을 해 주고 싶은가요? 치키에게 응원의 편지를 써 주세요.

[편지를 쓸 때의 주의점]
치키에게 비난보다는 억울한 마음을 공감해 주는 내용이 들어가면 좋겠어요.
치키에게 앞으로 어떻게 생활해야 할지 조언하는 내용을 써 줘도 좋겠지요?

뒷이야기를 상상하기

집으로 돌아온 제니와 케이는 각자에게 배달된 새로운 레스와 초대장을 발견합니다. 이후 이야기는 어떻게 이어질까요? 여러분이 뒷이야기를 상상해서 써 보세요.

책에 나오는 주인공에게 상장을 수여해 봅시다. →

상 장

모험상

이름

학년 반

위 학생은 메타버스 엘리시움의 위험한 초대에서 특유의 재치와 지혜를 발휘하여 모든 퀘스트를 우수하게 해결하였으므로 이 상장을 주어 칭찬합니다.

년 월 일

보고서 해답

프롤로그

OX 해답

1. X **2.** O **3.** O

선다형 해답

1. ④ **2.** ①

단답형 해답

1. 메타버스

2. 인공지능(또는 AI)

3. 애플리케이션

1장

OX 해답

1. O **2.** O **3.** X

선다형 해답

1. ③ **2.** ④

단답형 해답

1. 이스터 에그 **2.** 해킹

2장

OX 해답

1. X **2.** O **3.** X

선다형 해답

1. ③ **2.** ②

단답형 해답

1. 코딩 **2.** 데이터(Data)

3장

OX 해답

1. X **2.** X **3.** X

선다형 해답

1. ② **2.** ③

연결 퀴즈

4장

OX 해답

1. O **2.** X **3.** O

선다형 해답

1. ① **2.** ④

단답형 해답

1. 광학문자인식

5장

OX 해답

1. O **2.** X **3.** O

선다형 해답

1. ④ **2.** ④

단답형 해답

1. 증강 현실(또는 AR)

2. 초상권 침해, 가짜뉴스, 역사적 사실 조작, 디지털 성범죄 등

6장

OX 해답

1. O **2.** X **3.** X

선다형 해답

1. ③ **2.** ④

단답형 퀴즈

1. 자연어(Natural Language)

2. 인공지능 음성 기술 (또는 AI 음성 기술)

7장

OX 해답

1. O **2.** X **3.** X

선다형 해답

1. ③ **2.** ②

단답형 해답

1. 개인 정보

에필로그

OX 해답

1. O **2.** O **3.** X

선다형 해답

1. ② **2.** ②

단답형 해답

1. 머신러닝